NOTICE

SUR LES

TRAVAUX SCIENTIFIQUES

DE

M. LECLERC DU SABLON

PROFESSEUR DE BOTANIQUE ET DOYEN HONORAIRE DE LA FACULTÉ DES SCIENCES DE TOULOUSE

TOULOUSE
IMPRIMERIE ET LIBRAIRIE ÉDOUARD PRIVAT
Librairie de l'Université
14, RUE DES ARTS (SQUARE DU MUSÉE)

1906

NOTICE

SUR LES

TRAVAUX SCIENTIFIQUES

DE

M. LECLERC DU SABLON

NOTICE

SUR LES

TRAVAUX SCIENTIFIQUES

DE

M. LECLERC DU SABLON

PROFESSEUR DE BOTANIQUE ET DOYEN HONORAIRE DE LA FACULTÉ DES SCIENCES
DE TOULOUSE

TOULOUSE
IMPRIMERIE ET LIBRAIRIE ÉDOUARD PRIVAT
Librairie de l'Université
14, RUE DES ARTS (SQUARE DU MUSÉE)

1906

TITRES ET FONCTIONS

Élève de l'École Normale Supérieure, 1879.

Licencié ès Sciences physiques, 1881.

Licencié ès Sciences mathématiques, 1881.

Licencié ès Sciences naturelles, 1882.

Agrégé des Sciences naturelles, 1882.

Docteur ès Sciences naturelles, 1884.

Lauréat de l'Institut (Prix Desmazières), 1885.

Professeur de Sciences naturelles au Lycée de Toulouse, 1882.

Agrégé-préparateur de Botanique à l'École Normale supérieure, 1883.

Aide-naturaliste au Muséum d'Histoire naturelle, 1887.

Chargé du cours de Botanique à la Faculté des Sciences de Toulouse, 1890.

Professeur titulaire de Botanique à la Faculté des Sciences de Toulouse, 1891.

Doyen de la Faculté en 1893. Réélu doyen en 1896, 1899 et 1902.

Professeur à l'École supérieure de Commerce de Toulouse (Produits d'origine végétale), 1904.

Doyen honoraire de la Faculté des Sciences de Toulouse, 1905.

NOTICE

SUR LES

TRAVAUX SCIENTIFIQUES

DE

M. LECLERC DU SABLON.

INTRODUCTION

En sortant de l'École Normale Supérieure, M. Leclerc du Sablon a été nommé professeur au Lycée de Toulouse ; il a utilisé les quelques loisirs que lui laissaient ses fonctions à faire des recherches en vue d'une thèse de doctorat qui était presque achevée à la fin de l'année scolaire, lorsqu'il a été nommé Agrégé-préparateur à l'École Normale. Pendant les quatre années passées au laboratoire de Botanique dirigé par M. Gaston Bonnier, alors Maître de Conférences à l'École Normale, M. Leclerc du Sablon s'est consacré à des recherches sur divers sujets de Botanique et, par de fréquentes herborisations, a pris connaissance de la flore des environs de Paris ; nommé ensuite au Museum en qualité d'Aide-naturaliste attaché à la chaire de Botanique occupée par M. Van Tieghem, il a utilisé pour ses travaux les richesses mises à sa disposition par les serres, l'École de Botanique et l'Herbier.

A la Faculté des Sciences de Toulouse, où il occupe la chaire de Botanique depuis 1890, M. Leclerc du Sablon a compris dans son enseignement toutes les parties de la Botanique. Le cours complet est fait en deux ans : la première année est consacrée à la Botanique générale (Anatomie et Physiologie), et la seconde année à la Botanique systématique. Les familles des plantes Phanérogames sont étudiées dans cette seconde partie du cours, autant au point de vue de leurs caractères que de leur répartition géographique. Le premier volume du cours de Botanique, publié en commun avec M. Gaston Bonnier, indique d'ailleurs le développement donné à l'étude des familles naturelles. L'enseignement est complété par des herborisations faites dans un rayon assez étendu. Après avoir exploré les environs de Toulouse, les étudiants prennent connaissance de la flore subalpine par des courses faites dans les petites Pyrénées ou dans la Montagne-Noire ; la flore méditerranéenne est étudiée dans les garrigues des environs d'Alzonne et de Montolieu, près de Carcassonne. Des conférences spéciales sont consacrées à la détermination des plantes récoltées. Un herbier très simple, ne comprenant que les espèces trouvées dans les herborisations, est mis à la disposition des étudiants et leur sert à contrôler leurs déterminations.

L'Herbier de la Faculté, beaucoup plus complet, est consulté par les personnes faisant des recherches de Botanique systématique ; il renferme environ trente-quatre mille espèces représentées chacune par plusieurs échantillons récoltés dans des localités très différentes. Cet Herbier, classé par familles, est renfermé dans une salle spéciale.

Pendant le décanat de M. Leclerc du Sablon, les locaux consacrés à la Botanique ont été considérablement augmentés. Un nouveau bâtiment destiné à la Physique et à la Botanique a été construit dans une partie du Jardin des Plantes cédée par la Ville à l'Université. Les laboratoires et les collections de Botanique y sont installés de façon à faciliter le travail des professeurs et des étudiants.

Les travaux de M. Leclerc du Sablon peuvent être divisés en plusieurs groupes : les uns, les premiers en date, sont relatifs à l'explication des mouvements de déhiscence. On sait que les fruits de beaucoup de plantes s'ouvrent à leur maturité pour laisser échapper les graines ; les anthères s'ouvrent également pour permettre au pollen d'atteindre le stigmate ; les sporanges de beaucoup de Cryptogames présentent aussi certaines particularités de nature à faciliter la dissémination des spores. Pour chaque cas, on observe, dans l'organe qui s'ouvre, des mouvements très nets et toujours les mêmes pour une espèce donnée. M. Leclerc du Sablon, en étudiant de nombreux exemples, a montré la relation constante qui existe entre les mouvements et la structure. Les mouvements de déhiscence ne sont pas dus à un phénomène vital; c'est uniquement dans les propriétés physiques de la membrane morte et dans l'influence des conditions extérieures que l'explication du phénomène doit être cherchée.

Dans les fruits, toutes les particularités de la déhiscence peuvent être expliquées par ces deux propriétés des éléments lignifiés : 1° une fibre ligneuse, en se desséchant, ne reste pas semblable à elle-même et se contracte davantage dans le sens de la largeur que dans le sens de la longueur; 2° un élément lignifié quelconque se contracte d'autant plus sous l'influence de la dessiccation que ses parois sont plus épaisses.

La déhiscence des anthères des Phanérogames et des sporanges de certaines Cryptogames est due à l'inégalité de contraction des diverses parties des membranes. On avait observé depuis longtemps les ornements lignifiés, de forme et de disposition extrêmement variées, que présente l'assise sous-épidermique de la paroi des sacs polliniques. M. Leclerc du Sablon a montré que toutes les particularités de la déhiscence s'expliquent par la disposition des bandes lignifiées et peuvent être prévues si l'on connaît la structure de l'anthère.

Un cas tout à fait spécial se rencontre dans les sporanges des Fougères. Ici les mouvements ne sont plus produits par l'inégale contraction des parois cellulaires sous l'influence de la dessication, mais bien par des variations dans la pression interne de certaines cellules, variations qui sont liées à une structure spéciale et déterminée, d'abord par l'évaporation partielle de l'eau qui est à l'intérieur de la cellule, puis par la formation brusque d'une bulle de gaz à l'intérieur de chacune de ces cellules.

Une seconde série de recherches se rapporte à l'anatomie proprement dite. Dans un Mémoire sur les organes d'absorption des plantes parasites, les productions spéciales appelées suçoirs, par lesquelles les racines de certains parasites tels que les Rhinanthées et les Santalacées se fixent sur les racines de la plante nourricière, sont étudiées dans leur structure et leur développement. Il résulte de ce travail que les suçoirs des plantes parasites ne doivent pas être comparés à des radicelles, comme on l'avait fait jusqu'alors; ce sont de simples protubérances provoquées par le contact de la plante nourricière.

Dans un travail sur la tige des Fougères, M. Leclerc du Sablon a recherché sur des individus très jeunes l'origine des différents types de structure que présentent les tiges des Cryptogames vasculaires; il a montré que les structures différentes observées dans les tiges adultes ne sont que les divers stades que la tige à structure la plus complexe présente au cours de son développement chez une même espèce.

On sait que les fleurs cléistogames sont des fleurs qui restent toujours à l'état de bouton et dans lesquelles néanmoins la fécondation est opérée. L'étude de ces fleurs a montré à M. Leclerc du Sablon une adaptation toute spéciale des parois de l'anthère. Il n'y a plus ici d'ornements lignifiés permettant à l'anthère de s'ouvrir; mais, suivant une plage située à la partie supérieure de chaque sac pollinique, les cellules des parois présentent les caractères du tissu conducteur du style et du stigmate; elles sont plus petites que les cellules voisines, conservent un protoplasma épais et renferment en abondance des matières nutritives. Les grains de pollen germent à l'intérieur même de l'anthère; les tubes polliniques, attirés par un milieu nutritif favorable à leur développement, perforent les parois de l'anthère dans la région des cellules conductrices et se trouvent alors vis-à-vis du stigmate dans lequel ils s'enfoncent comme si la germination du pollen avait eu lieu sur le stigmate même.

En étudiant, dès le début, la formation du sporogone des Hépatiques, M. Leclerc du Sablon a montré que les cellules stériles appelées élatères étaient, suivant les cas, homologues d'un nombre plus ou moins considérable de spores. Les parois de la capsule s'ouvrent par le même mécanisme que les sacs polliniques des Phanérogames, et, dans certains cas, les élatères contribuent à la dissémination des spores. L'étude du sporogone des Mousses, faite beaucoup plus tard, a fourni de nouveaux arguments pour assimiler à la tige des Cryptogames vasculaires, non la tige feuillée, mais bien le sporogone des Muscinées.

D'autres travaux d'anatomie font connaître la structure des tubercules d'Equisetacées et ses rapports avec la structure de la tige, l'origine et la cause des anomalies qu'on observe dans la structure de la tige de la Glycine, le développement du tubercule de *Tamus communis*, etc. On peut aussi rattacher aux recherches d'anatomie un Mémoire sur la structure des vrilles, où M. Leclerc du Sablon montre la relation constante qui existe entre la structure d'une vrille et ses mouvements; les faces sensibles présentent toujours des cellules très longues et très étroites. Les conclusions de ce travail permettent de déterminer, par le seul examen anatomique, quelles sont les parties sensibles d'une vrille.

Les dernières recherches de M. Leclerc du Sablon sont relatives à la Physiologie et à la Chimie végétale. Dans un premier Mémoire, l'auteur étudie la digestion des réserves oléagineuses des graines; il démontre, en prenant différents exemples, que les matières grasses sont transformées d'abord en saccharose, puis en glucose, avec production de plus en plus considérable d'acide gras. Le Ricin, avec son albumen presque dépourvu de réserves hydrocarbonées, est particulièrement favorable à cette étude; la digestion des matières grasses a été examinée soit dans la germination des graines entières, soit dans la germination des albumens isolés.

Un mémoire étendu est consacré à l'étude des réserves hydrocarbonées des bulbes et des tubercules. On sait que beaucoup de plantes herbacées sont vivaces seulement par leurs parties souterraines transformées en organes de réserves. Dans un certain nombre d'exemples choisis parmi les plus caractéristiques, M. Leclerc du Sablon a étudié la formation et la destruction des réserves. Pour cela, des tubercules ont été récoltés pendant un an, quelquefois pendant deux ans, à des intervalles d'un mois environ, et analysés. Les sucres réducteurs, les sucres non réducteurs, les matières amylacées solubles dans l'eau et les matières amylacées insolubles ont été dosées séparément; la teneur en eau a été aussi mesurée. La conclusion de ce travail est que la vie d'un tubercule ou d'un bulbe peut être divisée en trois périodes : 1° une période de formation où l'eau est très abondante et où les réserves hydrocarbonées renferment en général beaucoup de sucre ; 2° une période de vie ralentie où l'eau passe par un minimum et les matières de réserve par un maximum; cette période est aussi caractérisée par l'absence de glucose ; 3° une période de digestion pendant laquelle la proportion d'eau augmente ; les matières amylacées sont alors transformées d'abord en sucre non réducteur, puis en sucre réducteur qui est directement assimilé par la plante.

Ces recherches ont été étendues aux arbres, dont les réserves ne sont pas aussi nettement caractérisées que dans les plantes à tubercules. Les réserves hydrocarbonées ont été dosées aux différentes époques de l'année dans les tiges et les racines d'un certain nombre d'arbres. M. Leclerc du Sablon a mis ainsi en évidence des variations très importantes. Dans les arbres à feuilles caduques, les réserves de la tige et surtout de la racine augmentent pendant l'été et l'automne jusqu'au moment de la chute des feuilles. C'est alors qu'a lieu le maximum des réserves correspondant au maximum observé pendant la période de vie ralentie des tubercules. Pendant l'hiver, malgré l'arrêt de la végétation, des transformations se produisent ; on observe, en général, une faible digestion des réserves due à ce fait que la plante continue à respirer, mais n'assimile plus. Au printemps, au moment de la reprise de la végétation, les réserves, employées à la formation des nouvelles pousses, diminuent brusquement et passent par un minimum. Des expériences de décortication annulaire, suivies de dosages, ont mis en évidence la migration des réserves, au printemps, de la racine vers la tige, et en été, pendant la période d'assimilation, de la tige vers la racine.

Les arbres à feuilles persistantes se conduisent d'une façon différente. Les réserves, qui ont augmenté pendant l'été et l'automne, continuent encore à augmenter pendant l'hiver et passent par un maximum au printemps, au moment où les jeunes bourgeons s'ouvrent. Ici, l'hiver est une période de formation et non plus de destruction de réserves. Le minimum a toujours lieu au printemps, après la reprise de la végétation. Dans ses recherches sur la nutrition des arbres, M. Leclerc du Sablon a montré l'importance de la cellulose comme matière de réserve. A certaines époques de l'année, en hiver notamment, l'amidon peut disparaître complètement sans que la somme des réserves amylacées révélée par l'analyse change sensiblement. C'est que l'amidon a été transformé en cellulose de réserve facilement attaquable par les acides étendus.

Dans l'étude de la formation et de la destruction des réserves du fruit des Cucurbitacées, un des résultats les plus importants est l'autodigestion des réserves. Un fruit mûr de Courge de Siam, par exemple, peut être conservé pendant plus d'un an sans présenter aucun signe de changement extérieur. Mais à l'intérieur, les réserves hydrocarbonées sont décomposées : le carbone s'unit à l'oxygène emprunté à l'atmosphère et se dégage sous forme de gaz carbonique ; l'eau demeure dans le fruit. Les réserves disparaissent ainsi peu à peu, et il ne reste plus à la fin qu'une sorte de squelette vivant présentant toutes les apparences du fruit frais ; la proportion d'eau augmente malgré les pertes dues à la transpiration. Les conclusions de ce travail peuvent fournir des indications utiles relativement à la conservation des fruits frais.

Le *Cours de Botanique*, publié en commun avec M. Gaston Bonnier, montre dans quel esprit est conçu l'enseignement de M. Leclerc du Sablon. La morphologie externe et l'anatomie y sont étudiées d'après des exemples concrets que les étudiants peuvent facilement vérifier. Les familles de Phanérogames, aussi bien celles qui sont exotiques que celles qui appartiennent à la flore européenne, y occupent une grande place ; si M. Leclerc du Sablon est nommé à la chaire de Botanique actuellement vacante au Museum, c'est de ce côté que devront se tourner ses préoccupations scientifiques. Les collections actuelles offrent un champ presque illimité à l'activité des botanistes ; toutefois, il ne faut pas oublier que pour qu'une collection puisse être utilisée, il est indispensable qu'elle soit constamment en ordre et que les nouveaux apports puissent être dans le plus bref délai incorporés au classement général.

L'étude des collections est, après leur mise en ordre, le devoir du personnel ; mais il est également nécessaire que les savants, quels qu'ils soient, s'intéressant à la Botanique systématique, aient toute facilité pour mettre à profit les richesses accumulées dans l'Herbier. De plus, le Museum étant un musée en même temps qu'un centre de recherches, il ne faut rien négliger de ce qui peut contribuer à l'instruction du grand public et montrer l'utilité des sacrifices consentis par l'État pour l'entretien et le développement des grands établissements scientifiques.

I.

Etude des mouvements de déhiscence.

Sur la déhiscence des fruits secs (Bull. Soc. Bot., t. XXX, p. 275). — *Recherches sur la déhiscence des fruits à péricarpe sec* (Ann. Sc. nat. Bot., 6e série, t. XVIII, p. 5).

Presque tous les fruits dont les parois se dessèchent et durcissent à la maturité s'ouvrent de façon à ce que les graines soient mises en liberté et puissent germer loin les unes des autres. Pour chaque espèce, le nombre et la situation des fentes, la forme et la disposition des valves sont des caractères d'une grande fixité qui sont utilisés pour la classification. M. Leclerc du Sablon s'est proposé d'étudier les causes et le mécanisme des mouvements quelquefois très complexes effectués par les valves des fruits déhiscents.

Un premier point à établir est l'influence des conditions extérieures. Une expérience très simple montre que c'est la sécheresse de l'air qui provoque la déhiscence. En effet, un fruit de Primevère, par exemple, mûr et non encore ouvert, s'ouvre si on le place dans l'air sec; plongé dans l'eau ou seulement dans l'air humide, il se refermera bientôt pour se rouvrir de nouveau si on le remet dans l'air sec. Cette expérience, réussissant même avec des fruits desséchés depuis plusieurs années, montre que la déhiscence n'est pas liée à la vie de la plante, mais est simplement un phénomène physique en rapport avec les propriétés de la membrane morte.

Il reste à rechercher quelles sont ces propriétés de la membrane qui sont ce qu'on peut appeler la cause interne de la déhiscence. Il est d'abord facile de montrer que la couche de parenchyme non lignifié qui forme en général la partie extérieure du péricarpe ne joue aucun rôle; si on gratte en effet avec un scalpel cette couche parenchymateuse, on voit que les mouvements de déhiscence s'effectuent comme dans le fruit intact. C'est donc dans la couche lignifiée qu'il faut chercher la cause de la déhiscence. M. Leclerc du Sablon établit par des expériences directes, faites avec des copeaux de bois convenablement choisis, les deux propriétés suivantes de la membrane lignifiée :

1° Les fibres se contractent, par la dessiccation, moins dans le sens de leur longueur que dans les autres directions;

2° Les cellules ou les fibres se contractent d'autant plus, sous l'influence de la dessiccation, que leurs parois sont plus épaisses, toutes choses égales d'ailleurs.

Tous les mouvements de déhiscence s'expliquent facilement à l'aide de ces deux propriétés de la membrane. L'étude d'un fruit non encore ouvert, en faisant connaître la disposition des éléments lignifiés et l'épaisseur des parois, permet même de prévoir avec certitude la manière dont s'effectuera la déhiscence et de déterminer la forme que prendront les valves en se desséchant.

Parmi les fruits déhiscents, certains sont appelés ruptiles, parce que leurs parois s'ouvrent brusquement en faisant entendre un bruit quelquefois assez fort. Tels sont les fruits des Euphorbiacées dont la plus connue à ce point de vue est l'*Hura crepitans*. Ce phénomène s'explique par la structure du péricarpe. Dans les fruits non ruptiles, les lignes de déhiscence, suivant lesquelles s'effectuent les fentes, ne présentent en général aucun élément lignifié; une tension très faible suffit donc pour déterminer la formation de la fente et ouvrir le fruit; une fois la fente commencée, les valves s'écartent peu à peu, d'un mouvement lent. Dans les fruits ruptiles au contraire, la couche lignifiée du péricarpe est continue; lorsque, grâce à l'inégale contraction de leurs deux faces, les valves tendent à s'écarter et à se recourber, elles sont d'abord retenues dans leur position primitive par la continuité de la couche ligneuse. Mais ensuite, lorsque la dessiccation est plus complète, la force qui tend à séparer et à recourber les valves augmente et devient suffisante pour rompre la couche ligneuse; c'est alors que le fruit s'ouvre avec explosion.

Les principales familles où la déhiscence a été étudiée sont les suivantes :

Renonculacées. — La déhiscence des follicules s'explique facilement par la disposition des faisceaux de fibres qui accompagnent les faisceaux libéro-ligneux du péricarpe.

Papavéracées. — La déhiscence du fruit varie beaucoup d'un genre à l'autre. Dans les capsules d'*Argemone,* par exemple, le mécanisme de la déhiscence est le même que dans les follicules des Renonculacées ; dans les *Papaver,* les pores correspondent à une solution de continuité dans la couche ligneuse du péricarpe ; dans les *Glaucium,* les choses se passent comme chez les Crucifères.

Crucifères. — Les mouvements des valves sont en général peu étendus ; dans le *Farsetia clypeata* et quelques autres espèces, ils sont cependant très nets et s'expliquent par la présence de deux couches de fibres rectangulaires l'une sur l'autre.

Capparidées. — L'ouverture de la capsule de *Polanisia* s'explique par la direction des fibres dans la partie interne du péricarpe.

Cistinées ; Caryophyllées. — Dans ces deux familles, c'est l'inégalité d'épaisseur des parois lignifiées qui détermine la déhiscence.

Géraniacées. — Les curieux mouvements de torsion du bec des carpelles sont dus à l'inégalité d'épaisseur des parois des fibres de la face interne et de la face externe. Ces organes sont si sensibles à la dessiccation et ont des mouvements si apparents qu'on peut les prendre pour hygromètres.

Violariées. — Les mouvements des valves sont dus à la disposition des fibres par rapport aux cellules ligneuses.

Malvacées. — Les capsules de *Sida* et des genres voisins s'ouvrent par suite de la présence de fibres rectangulaires entre elles.

Rutacées. — La déhiscence des capsules s'explique aussi par la direction des fibres, rectangulaires les unes par rapport aux autres.

Légumineuses. — Les mouvements de torsion des valves sont en rapport avec la position des fibres dirigées à 45° par rapport à l'axe du fruit. Dans certaines espèces, telles que le *Spartium junceum,* le fruit est ruptile.

Crassulacés; Rosacées; Œnothérées; Apocynées; Oléacées. — Dans les espèces étudiées, la formation des fentes est due à la direction des fibres.

Campanulacées. — Les pores de la capsule des *Campanula* se forment par suite de l'inégale contraction de cellules à parois d'épaisseur inégale.

Solanées; Verbascées; Scrofularinées. — La déhiscence est causée, le plus souvent, par l'inégale épaisseur des parois cellulaires, quelquefois par la direction des fibres.

Acanthacées. — L'ouverture brusque du fruit est due, non à la structure des parois des loges, mais aux placentas composés de fibres à parois d'inégale épaisseur.

Primulacées. — Les capsules s'ouvrent par le même mécanisme que celles des Caryophyllées.

Protéacées. — La direction des fibres explique la déhiscence des capsules.

Euphorbiacées. — C'est une des familles les plus intéressantes; le fruit est ruptile; les mouvements des valves sont liés à la direction des fibres.

Liliacées; Amaryllidées; Iridées. — La formation des fentes est due à la direction des fibres; dans les *Joncées,* au contraire, l'inégale épaisseur des parois joue le principal rôle.

Graminées. — Les mouvements de torsion de l'arête qui surmonte les glumelles d'Avoine s'expliquent par l'inégalité d'épaisseur des fibres.

Sur la déhiscence des anthères (Comptes rendus, le 25 août 1884). — *Recherches sur la structure et la déhiscence des anthères* (Ann. Sc. nat. Bot., 7e série, t. I, p. 97).

Les anthères de la plupart des Phanérogames Angiospermes s'ouvrent par deux fentes longitudinales correspondant chacune à une loge. Les deux bords de chaque fente se replient ensuite, soit à l'intérieur, soit à l'extérieur, en prenant des formes variées, de façon à faciliter la dissémination du pollen. Les parois de l'anthère qui effectuent ces mouvements sont en général constituées par deux assises de cellules : l'épiderme, dont la structure ne présente aucune particularité remarquable, et l'assise sous-épidermique, dont les parois, minces et cellulosiques sur la plus grande partie de leur étendue, portent par endroits des bandes d'épaississements lignifiés dont la forme et la disposition sont extrêmement variables. De nombreux auteurs ont cherché à expliquer la déhiscence de l'anthère; les uns l'attribuaient à l'assise sous-épidermique, sans d'ailleurs justifier leur opinion; les autres pensaient que les mouvements des valves étaient dus à l'antagonisme de l'épiderme et de l'assise sous-épidermique. En reprenant cette question, M. Leclerc du Sablon a établi d'abord que la déhiscence est en rapport avec les propriétés de la membrane morte et ne dépend aucunement de la vie de la plante. Pour cela, il fait une coupe transversale dans une anthère desséchée et morte depuis déjà plusieurs jours et la place dans une goutte d'eau sur le porte-objet du microscope; les parois des loges ont alors, sur la coupe, la même position que dans l'anthère fermée. Lorsque la goutte d'eau s'évapore et que la coupe se dessèche, on voit peu à peu les parois se recourber et prendre la même position que dans l'anthère ouverte. Si l'on fait arriver une goutte d'eau, les parois reviennent brusquement à la position de l'anthère fermée. On peut répéter l'expérience aussi souvent que l'on veut avec une coupe dont toutes les cellules sont mortes.

L'épiderme joue-t-il un rôle dans ces mouvements? On se convainc qu'il n'en est rien en observant que les anthères qui, par un moyen quelconque, ont été privées de leur épiderme, exécutent les mêmes mouvements que les anthères entières. C'est donc à l'assise sous-épidermique seule qu'il faut attribuer la déhiscence. En étudiant dans un grand nombre de cas la disposition des bandes d'épaississements lignifiés, M. Leclerc du Sablon est arrivé à cette conclusion que toutes les particularités de la déhiscence peuvent s'expliquer par la propriété suivante de la membrane : toutes choses égales d'ailleurs, les parois cellulaires formées de cellulose pure se contractent plus, sous l'action de la dessiccation, que les parois lignifiées.

Quelques exemples montreront l'application de cette propriété. Dans l'anthère du *Lychnis dioica*, les valves se recourbent nettement vers l'extérieur; l'assise sous-épidermique, appelée assise mécanique à cause du rôle qu'elle joue, porte des ornements lignifiés en forme d'U : les deux branches de l'U sont sur les parois radiales des cellules, et la base sur la face interne, de sorte que la face externe des cellules de l'assise mécanique est complètement dépourvue de parties lignifiées. On conçoit donc que, sous l'influence de la dessiccation, la face externe se contracte plus que la face interne, de là une courbure des valves vers l'extérieur. Le long des lignes de déhiscence, l'assise sous-épidermique ne porte pas d'épaississements lignifiés et présente un minimum de résistance. Dans la Mauve, les mouvements sont les mêmes, mais la structure de l'assise mécanique est différente. Les ornements lignifiés ont la forme d'une étoile située sur la face interne des cellules et dont les branches, prolongées sur les parois radiales, s'arrêtent au contact de la face externe. La face externe devra donc encore se contracter plus que la face interne et déterminera ainsi une courbure vers l'extérieur.

Dans certaines espèces, telles que le Sainfoin d'Espagne, les bords de la fente, après s'être séparés, se recourbent vers l'intérieur de la loge et non plus vers l'extérieur. La structure de l'assise mécanique explique aisément cette différence; on y voit, comme dans le *Lychnis*, des ornements lignifiés en forme d'U; mais la base de l'U, au lieu de se trouver sur la face interne des cellules, se trouve sur la face externe. La face interne, dépourvue de parties lignifiées, se contractera donc plus que la face externe et déterminera ainsi la courbure de la valve vers l'intérieur. Dans d'autres exemples moins simples, une région des valves se recourbe vers l'extérieur et une autre région vers l'intérieur. L'examen anatomique montre que les ornements lignifiés qui, dans la première région, étaient sur la face interne, se trouvent sur la face externe dans la seconde.

Lorsque les parois de l'anthère comprennent, en dessous de l'épiderme, plusieurs assises de cellules mécaniques, l'explication de la déhiscence reste la même. Dans la Digitale, par exemple, la face externe de l'assise mécanique la plus externe est dépourvue d'ornements lignifiés, tandis que la face interne de l'assise la plus interne, ainsi que les faces intermédiaires, en renferment; on s'explique ainsi que les valves se recourbent vers l'extérieur. D'ailleurs, le nombre des assises mécaniques ne paraît pas avoir une grande importance; ainsi, dans le Muflier, il y a une seule assise dans une partie des valves et plusieurs dans une autre.

Certaines plantes, telles que les *Richardia* ou les *Solanum*, ouvrent leurs anthères, non plus par des fentes longitudinales, mais par de simples pores situés au sommet des loges. Dans le *Richardia*, l'assise mécanique existe tout le long de l'anthère; à la partie supérieure, la face externe renferme moins d'éléments lignifiés que la face interne, la déhiscence s'effectuera donc, vers le sommet, comme elle s'effectue tout le long de l'anthère dans le cas des fentes longitudinales. Dans les parties moyenne et inférieure de l'anthère, au contraire, l'assise mécanique renferme autant de bandes lignifiées sur sa face interne que sur sa face externe; il n'y aura donc pas de raison pour que l'anthère s'ouvre. Dans le *Solanum* et quelques autres genres à déhiscence poricide, l'assise mécanique n'est différenciée que dans la région où les pores doivent se former; ailleurs l'assise sous-épidermique ne porte pas de bandes lignifiées. Dans les Berberidées, où les anthères s'ouvrent par des clapets qui se relèvent vers l'extérieur, c'est encore la disposition des bandes lignifiées de l'assise mécanique qui détermine la déhiscence.

Toutes les particularités de la déhiscence des anthères peuvent donc s'expliquer par l'inégale contraction des parties lignifiées et non lignifiées des parois de l'assise mécanique et par la disposition spéciale des bandes lignifiées. L'examen anatomique de l'assise mécanique d'une anthère non encore ouverte permet de prévoir avec certitude la forme que prendra l'anthère après la déhiscence.

Mécanisme de la déhiscence des Sporanges des Cryptogames vasculaires (Bull. Soc. Bot., t. XXXI, p. 236). — *Recherches sur la dissémination des spores des Cryptogames vasculaires* (Ann. Sc. nat. Bot., 7e série, t. II, p. 5).

Les sporanges des Cryptogames vasculaires ont des structures variées et s'ouvrent par des mécanismes fort différents. Le cas le plus complexe est celui des Fougères. M. Leclerc du Sablon a pris comme principal exemple le sporange de la Fougère mâle. On sait que les parois de ce sporange sont formées d'une seule assise de cellules dont quelques-unes, disposées suivant un anneau incomplet, ont une structure très spéciale. Vue de côté, chaque cellule présente une paroi externe très mince et des parois radiales et interne épaissies, lignifiées et affectant à peu près la forme d'un fer à cheval. En examinant au microscope, dans une atmosphère sèche, un sporange mûr, on peut suivre les diverses phases de la déhiscence. Les cellules de l'anneau, appelées cellules mécaniques, se contractent d'abord un peu, et les deux branches du fer à cheval se rapprochent l'une de l'autre, du côté de leur extrémité libre. Il en résulte que la face extérieure de l'anneau de cellules mécaniques se raccourcit plus que la face interne; l'anneau se redresse donc et provoque, par là même, l'ouverture du sporange qui se déchire irrégulièrement; l'anneau n'en continue pas moins à se redresser, devient rectiligne et finit même par se recourber en sens inverse de façon à ce que la face primitivement convexe devienne concave. Ce premier mouvement est lent et régulier, puis brusquement, comme un ressort qui se détend, l'anneau revient à sa position primitive et ne se redresse ensuite qu'incomplètement.

Tels sont les faits observés par M. Leclerc du Sablon et pour lesquels il a proposé l'explication suivante. Lorsque le sporange est fermé, les cellules mécaniques sont pleines d'eau. Sous l'influence d'une atmosphère sèche, l'eau s'évapore à travers la paroi mince et détermine ainsi une diminution de pression à l'intérieur de la cellule qui tend alors à se contracter; mais, en vertu même de leur structure, les cellules mécaniques ne peuvent diminuer de volume qu'en rapprochant les deux extrémités libres du fer à cheval lignifié qui constitue leurs parois radiales et internes; de là le raccourcissement de la face externe des cellules mécaniques, et le redressement de l'anneau. Ainsi s'explique la première phase de la déhiscence.

Mais pourquoi, à un moment donné, l'anneau revient-il brusquement à sa position primitive, en effectuant un mouvement inverse du premier? C'est qu'à ce moment précis il se forme dans chacune des cellules mécaniques une bulle de gaz qui détermine une augmentation de pression et par conséquent le retour des cellules et de l'anneau à leur forme primitive. Cette bulle de gaz paraît provenir soit de l'air extérieur qui a traversé la membrane mince, soit des gaz dissous dans le suc cellulaire et dont le dégagement a été hâté par la diminution de pression. Dans le sporange mûr, les cellules mécaniques sont mortes et ne renferment qu'un suc aqueux sans noyau ni protoplasma; la déhiscence est donc due uniquement à des causes physiques; c'est un phénomène très particulier qui ne se retrouve nulle part ailleurs dans le règne végétal.

Les sporanges des Equisétacées s'ouvrent par une fente longitudinale suivant un mécanisme identique à celui de la déhiscence des anthères. Leurs parois sont formées d'une seule assise de cellules dont les membranes, minces et cellulosiques sur la plus grande partie de leur surface, portent par endroits des bandes lignifiées et épaissies ayant une forme spiralée. Sous l'influence de la dessiccation et de la contraction plus grande des parties cellulosiques, les bandes lignifiées rapprochent leurs tours de spires et déterminent ainsi la formation de la fente suivant une ligne de moindre résistance. Les spores sont mises en liberté; si on les examine alors au microscope dans une atmosphère sèche, on les voit se déplacer par de petits mouvements brusques qui donnent l'impression d'une nuée d'insectes microscopiques. Après quelques instants, le mouvement s'arrête et l'on voit, reliés à chaque spore, quatre petits filaments appelés élatères. Primitivement adhérant à la spore et faisant partie de sa membrane même, ces élatères se sont détachées et déroulées brusquement sous l'influence de l'air sec: c'est là l'origine du mouvement des spores. M. Leclerc du Sablon a expliqué ce phénomène par la composition chimique des élatères, dont la face externe est en cellulose pure et la face interne lignifiée. Sous l'influence de la dessiccation, la face externe se contracte donc plus que la face interne et détermine ainsi le déroulement de l'élatère. Les élatères d'une même spore pouvant se dérouler successivement, chaque spore peut ainsi être le siège de quatre mouvements successifs: lorsque toutes les élatères sont déroulées, le mouvement s'arrête.

La déhiscence du sporange des Lycopodiacées est due à ce que la paroi externe, non lignifiée, des cellules épidermiques se contracte plus sous l'influence de la dessiccation que les parois interne et latérales qui sont lignifiées.

Recherches sur le développement du sporogone des Hépatiques. 2e partie (Ann. Sc. nat. Bot., 7e série, t. II, p. 126).

Après avoir suivi dans la première partie du Mémoire le développement des spores et des élatères, M. Leclerc du Sablon étudie dans la seconde le mécanisme de la déhiscence de la capsule qui, on le sait, s'ouvre plus ou moins régulièrement par quatre fentes. Les parois de la capsule ont une structure comparable à celle des parois de l'anthère. On y distingue deux assises de cellules : l'épiderme et l'assise sous-épidermique. Les cellules de l'assise sous-épidermique portent des bandes d'épaississement lignifiées, sur leurs faces latérales et interne et non sur leur face externe. La dessiccation contracte donc plus la face externe entièrement cellulosique que la face interne partiellement lignifiée. Le mécanisme de la déhiscence de la capsule des Hépatiques est par conséquent le même que celui de la déhiscence des anthères de Phanérogames. L'épiderme joue cependant chez les Hépatiques un rôle qui n'est pas négligeable, car les bandes d'épaississement des parois latérales de l'assise sous-épidermique se prolongent ordinairement jusqu'à la face externe de l'épiderme.

La Rose de Jéricho (Journal de Botanique, t. I, p. 61).

Tout le monde connaît ces petites plantes desséchées, en forme de pelote, qui sont vendues comme objet de curiosité par les marchands de produits de l'Orient. Si on les met dans l'eau, les tiges ne tardent pas à se redresser et à s'étaler dans un plan ; en se desséchant, elles se pelotonnent de nouveau. La rose de Jéricho est une Crucifère (*Anastatica hierochuntina*) originaire des régions sablonneuses de l'Arabie, de la Syrie et de l'Egypte. M. Leclerc du Sablon a trouvé dans la structure des tiges la cause de leurs propriétés hygroscopiques. En examinant une coupe de tige, sans la traiter par aucun réactif, on ne remarque que de très faibles différences entre la face qui devient convexe dans la courbure et celle qui devient concave. Mais en traitant par un réactif du bois, on voit que la face convexe se colore seule ou tout au moins beaucoup plus que la face concave. Dans chaque tige, la face tournée vers l'axe de la plante est donc beaucoup moins lignifiée que la face opposée, et par conséquent devra se contracter davantage pendant la dessiccation. Les mouvements de la rose de Jéricho s'expliquent donc de la même façon que la déhiscence des anthères.

Sur la réviviscence du Selaginella lepidophylla (Bull. Soc. Bot., t. XXXV, p. 109).

Les curieuses propriétés du *Selaginella lepidophylla* sont bien connues. Lorsqu'un pied se dessèche, chaque branche s'enroule sur elle-même de façon à donner à l'ensemble de la plante la forme d'une boule. Ainsi desséché, le *Selaginella lepidophylla* peut rester très longtemps à l'état de vie latente; dès qu'on lui rend l'eau nécessaire à la végétation, les tiges se déroulent, puis les rameaux et les racines recommencent à pousser. M. Leclerc du Sablon a trouvé dans la structure des tiges l'explication de ces propriétés. Sur une coupe transversale, on voit que l'écorce, très épaisse, n'est symétrique que par rapport à un seul plan qui est précisément celui suivant lequel se fait l'enroulement. Du côté qui correspond à la face concave des tiges enroulées, les parois des cellules sont très épaisses et se lignifient peu en vieillissant; du côté opposé, au contraire, les parois sont beaucoup plus minces et se lignifient beaucoup plus. La différence d'épaisseur et de lignification des parois est, d'après ce qui a été dit à propos de la déhiscence des fruits et des anthères, une double raison pour que, en se desséchant, la face aux parois épaisses se contracte plus que l'autre et par conséquent détermine l'enroulement de la tige. Bien que cet enroulement se produise sur la plante vivante, il est indépendant de la vie de la plante; la courbure des tiges s'effectue en effet de la même façon si on a tué la plante soit par l'ébullition dans l'eau, soit par l'immersion dans l'alcool.

II.

Anatomie.

Observations anatomiques sur la structure et le développement du Melampyrum pratense (Bull. Soc. Bot., t. XXXIV, p. 154). — *Sur le développement des suçoirs du* Thesium humifusum (Bull. Soc. Bot., t. XXXIV, p. 217). — *Recherches sur les organes d'absorption des plantes parasites* (Ann. Sc. nat. Bot., 7e série, t. VI, p. 90). — *Sur les suçoirs des Rhinanthées et des Santalacées* (Compte-rendus, 28 nov. 1887). — *Sur les poils radicaux des Rhinanthées* (Bull. Soc. Bot., t. XXXV, p. 81).

Les Rhinanthées et les Santalacées sont des plantes vertes fixées au sol par des racines; leur nutrition semble donc, au premier abord, s'effectuer comme dans le cas ordinaire. Mais si l'on arrache avec soin une de ces plantes, on voit que les racines portent de petits renflements qui adhèrent aux racines d'autres plantes; ce sont des suçoirs qui empruntent des sucs nutritifs aux racines de plantes nourricières. Les Rhinanthées et les Santalacées sont donc partiellement parasites : en même temps qu'elles assimilent du carbone atmosphérique par leur chlorophylle et absorbent l'eau du sol par leurs racines, elles prennent à d'autres plantes vivantes, grâce à leurs suçoirs, des sucs nutritifs déjà élaborés. La plupart des auteurs qui ont décrit ces suçoirs les ont comparés à des racines rudimentaires; M. Leclerc du Sablon en a entrepris l'étude non seulement au point de vue de la structure, mais encore et surtout au point de vue du développement. Il y a lieu de distinguer le cas des Rhinanthées de celui des Santalacées.

Les Mélampyres ou les Rhinanthes sont de bons exemples pour suivre le développement; les suçoirs commencent à apparaître près de l'extrémité d'une jeune racine lorsque celle-ci arrive au contact de la plante nourricière. En faisant une coupe dans un très jeune suçoir perpendiculairement à l'axe de la racine qui le porte, on voit que le cylindre central de la racine est à peine modifié et que l'endoderme est continu. Mais, au contact de la racine nourricière, les cellules du parenchyme cortical se sont multipliées de façon à former un petit tubercule entouré par l'assise pilifère dont toutes les cellules s'allongent en poils, alors que, dans toutes les parties de la racine qui ne portent pas de suçoirs, les poils radicaux manquent complètement. Dans la région du petit tubercule ainsi formé, qui est au contact de la plante nourricière, les cellules de l'assise pilifère se multiplient avec plus d'activité et quelques-unes d'entre elles s'allongent en poils très vigoureux qui pénètrent dans les tissus de la racine attaquée. C'est ainsi que les poils radicaux, qui sont les organes d'absorption normaux des plantes non parasites, jouent encore le même rôle dans les suçoirs des Rhinanthées parasites. Ces poils absorbants spéciaux portent en général des ornements lignifiés spiralées qui leur donnent plus de solidité ; ils sont reliés aux vaisseaux ligneux de la racine par un faisceau de cellules spiralées qui se différencient aux dépens des cellules corticales, endodermiques et péricycliques de la racine. En somme, les suçoirs des Rhinanthées sont des organes exogènes, formés presque exclusivement par l'écorce de la racine.

Les suçoirs d'une même espèce de Rhinanthée peuvent se fixer sur des racines appartenant à des espèces différentes. Dans certains cas même, M. Leclerc du Sablon a observé des suçoirs fixés sur des morceaux de bois mort ; la plante est alors plutôt saprophyte que parasite.

Les suçoirs des Santalacées se forment d'une façon un peu différente ; ils apparaissent toujours près du sommet d'une jeune racine au contact de la plante nourricière. Une coupe dans un très jeune suçoir montre qu'il est formé par la multiplication des cellules non seulement de l'écorce, mais encore du péricycle ; l'endoderme, dont les ponctuations subsistent pendant un certain temps, permet de distinguer la part qui revient à l'écorce et celle qui revient au cylindre central. De plus, l'assise pilifère et la première assise du parenchyme cortical sont résorbées, et ce sont les cellules sous-jacentes qui pénètrent dans la plante nourricière. D'ailleurs, l'organe d'absortion n'est plus ici formé par de simples poils plus ou moins isolés, comme chez les Rhinanthées, mais bien par un épais massif de cellules renfermant près de son axe deux faisceaux de cellules spiralées qui vont se relier aux vaisseaux du bois.

C'est par l'intermédiaire de ces cellules spiralées que les sucs absorbés passent du bois de la plante nourricière dans le bois de la plante parasite. En somme, les suçoirs des Santalacées diffèrent de ceux des Rhinanthées par leur formation qui n'est pas tout à fait exogène et qui s'effectue à la fois aux dépens de l'écorce et du péricycle et aussi par leur structure qui est plus complexe.

Cette étude montre clairement que c'est à tort qu'on a comparé les suçoirs à des radicelles; ils en diffèrent : 1° par leur structure où l'on ne reconnaît pas de faisceaux du bois et du liber et où les seuls éléments différenciés sont des cellules spiralées; 2° par leur formation qui, chez les Rhinanthées, est complètement exogène et corticale et qui, chez les Santalacées, n'est que partiellement péricyclique et beaucoup moins profonde que celle d'une racine; 3° par leur position sur la racine qui les porte. On sait en effet que les radicelles naissent sur la racine mère dans une région parfaitement déterminée par rapport aux faisceaux du bois; les suçoirs au contraire ont une situation absolument quelconque par rapport aux faisceaux ligneux de la racine, tantôt vis-à-vis le bois, tantôt vis-à-vis le liber, tantôt dans une position intermédiaire. Les suçoirs doivent simplement être considérés comme des émergences de la racine adaptées au rôle d'organe d'absorption parasitaire.

Sur la tige de la Glycine (Bull. Soc. Bot., t. XXX, p. 275). — *Sur l'anatomie de la tige de la Glycine* (Rev. gén. de Bot., t. V, p. 474).

La Glycine (*Wistaria Sinensis*) est une liane de la famille des Légumineuses dont les tiges présentent des formations libéro-ligneuses surnuméraires. M. Leclerc du Sablon a étudié l'origine de ces formations et montré leur rapport avec l'enroulement. L'assise génératrice libéro-ligneuse normale fonctionne d'abord seule et continue d'ailleurs à fonctionner même après l'apparition des formations surnuméraires. Celles-ci sont dues à une nouvelle assise génératrice qui se différencie dans la partie interne de l'écorce et non dans le péricycle. L'assise surnuméraire n'est jamais circulaire, mais est réduite à deux arcs de cercle situés de part et d'autre de la région de contact de la tige avec le support autour duquel elle est enroulée. Les choses se passent comme si les formations surnuméraires venaient remplacer les formations secondaires normales, devenues moins abondantes dans la région de contact, par suite de la pression de la tige contre son support. Une seconde assise surnuméraire se forme quelquefois à l'extérieur de la première, mais dans le liber secondaire et non plus dans l'écorce. Dans les tiges qui ne sont pas enroulées, les formations surnuméraires n'apparaissent que beaucoup plus tard.

Sur la chute des feuilles marcescentes (Bull. Soc. Bot., t. XXXI, p. 236).

On appelle feuilles marcescentes les feuilles qui, en automne, se déssèchent sans tomber et restent sur l'arbre pendant l'hiver. En étudiant la structure des feuilles du Hêtre et du Chêne, M. Leclerc du Sablon a montré à quelle modification des tissus étaient liées la dessiccation des feuilles en automne et leur chute au printemps.

Sur un cas de la chute des feuilles (Bull. Soc. Bot., t. XXXII, p. 55).

M. Leclerc du Sablon rend compte dans ce travail des observations qu'il a faites sur un pied de Laurier-Cerise. Cet arbre ayant eu beaucoup à souffrir de la sécheresse de l'été, les feuilles commençaient à jaunir lorsque survinrent les pluies de l'automne. Alors, les parties jaunes et partiellement desséchées du limbe des feuilles se sont limitées par une ligne très nette et se sont ensuite détachées, laissant en place le reste du limbe parfaitement vert et vivant. L'étude anatomique a montré que, suivant la ligne de séparation, les cellules du parenchyme foliaire se séparent les unes des autres par gélification partielle de leurs parois et, en augmentant de volume, provoquent la rupture de la cuticule. C'est là un exemple de défense de l'organisme contre des conditions défavorables. La partie du limbe trop malade pour pouvoir revenir à l'état normal est amputée par la plante redevenue vigoureuse.

Observations anatomiques sur la chute de certaines branches du Peuplier blanc (Bull. Soc. Bot, t. XXXIII, p. 25).

Lorsqu'un certain nombre d'arbres vivent serrés les uns contre les autres, les branches inférieures, qui ne reçoivent que peu de lumière, meurent et se dessèchent, mais restent néanmoins en général adhérentes au tronc. M. Leclerc du Sablon a décrit chez le Peuplier blanc un cas où ces branches se détachent et tombent d'une façon très régulière. Bien avant que la branche ne se dessèche, et alors qu'elle ne présente encore aucune trace de dépérissement, il se forme à sa base, près du tronc, un renflement très apparent dû à un développement plus grand du bois secondaire; puis, souvent plusieurs années après, la branche se détache très régulièrement suivant un plan passant par l'équateur du renflement. L'étude anatomique montre que c'est seulement peu de temps avant la chute de la branche que le renflement commence à présenter des modifications préparant cette chute. Tout d'abord, sur une épaisseur de sept à huit cellules et suivant l'équateur, tous les tissus se lignifient sauf l'assise génératrice; puis, en deçà de cette couche lignifiée, du côté du tronc, une assise génératrice donne naissance à une couche de liège qui est continue à travers tous les tissus, sauf l'assise génératrice; il y a ainsi un double diaphragme qui sépare du tronc la branche qui ne tarde pas à se dessécher; en même temps, les tissus qui sont au delà de la couche lignifiée, du côté opposé au tronc, se gélifient et déterminent la chute de la branche.

Sur quelques formes singulières de Cucurbitacées (Bull. Soc. Bot., t. XXXII, p. 383).

Cette note renferme la description de quelques fleurs anormales de *Lagenaria vulgaris* : des fleurs mâles qui ont une tendance à l'hermaphroditisme, avec un ovaire et un stigmate d'ailleurs incomplètement développés; des fleurs femelles dont le placenta s'est accru en dehors de la cavité de l'ovaire, de façon à ce que les ovules soient complètement à nu.

Sur la symétrie foliaire chez les Eucalyptus *et quelques autres plantes* (Bull. Soc. Bot., t. XXXII, p. 229).

On sait que beaucoup d'*Eucalyptus* présentent un dimorphisme remarquable. Dans le jeune âge, les feuilles sont opposées, sessiles et à limbe plus ou moins nettement perpendiculaire à la tige qui les porte; sur un arbre âgé au contraire, les feuilles sont alternes, pétiolées et à limbe pendant verticalement. En étudiant l'anatomie du limbe dans un assez grand nombre d'espèces, M. Leclerc du Sablon a montré la relation qui existe entre la structure et la morphologie externe. Les feuilles sessiles à limbe horizontal ne sont pas toujours, comme on aurait pu le supposer, à structure dissymétrique avec du parenchyme en palissade seulement à la face supérieure; quelquefois, elles ont du tissu en palissade sur les deux faces; inversement, les feuilles à limbe vertical ont quelquefois une structure dissymétrique.

Sur les anthérozoïdes du Cheilanthes hirta (Bull. Soc. Bot., t. XXXV, p. 238).

Après avoir suivi la formation des anthéridies sur les prothalles du *Cheilanthes hirta* très communs dans les serres du Museum, M. Leclerc du Sablon a étudié le développement des anthérozoïdes dans les cellules mères. Le noyau, très volumineux, se porte d'abord à la périphérie de la cellule et s'appuie contre un anneau de protoplasma hyalin qui s'est différencié autour de la masse granuleuse du protoplasma. Le noyau, d'abord granuleux, devient de plus en plus homogène, puis s'allonge et prend la forme d'un croissant dont les deux branches s'appliquent contre l'anneau de protoplasma hyalin et ne tardent pas, en s'accroissant et en s'amincissant, à faire le tour complet de la cellule. En même temps, le protoplasma granuleux du centre de la cellule s'éclaircit peu à peu et se réduit à une gouttelette de suc aqueux lorsque l'anthérozoïde est complètement formé. Les cils se différencient aux dépens de l'anneau hyalin du protoplasma et restent fixés à l'une des extrémités du noyau qui constitue le corps de l'anthérozoïde.

Observations sur la tige des Fougères (Bull. Soc. Bot., t. XXXVI, p. 12). — *Recherches anatomiques sur la formation de la tige des Fougères* (Ann. Sc. nat. Bot., 7e série, t. XI, p. 1).

On sait que la tige des Filicinées adultes a une structure très variable suivant les genres. Dans le *Trichomanes* et le *Lygodium*, par exemple, il n'y a qu'un seul endoderme, et le cylindre central présente un seul corps ligneux entouré d'un anneau de liber. Dans le *Marsilia*, en dedans de l'endoderme, on voit un anneau de liber, puis un anneau de bois, puis un second anneau de liber intérieur, puis un second endoderme, et, tout à fait au centre, un parenchyme médullaire semblable au parenchyme cortical. Enfin, la plupart des Fougères montrent sur la section transversale de leur tige plusieurs endodermes spéciaux entourant chacun un cordon libéro-ligneux de structure plus ou moins complexe. En étudiant des pieds de Fougère très jeune, M. Leclerc du Sablon a recherché l'origine de cette structure.

Dans tous les cas, la tige très jeune qui est sur le prolongement de la première racine n'a qu'un seul endoderme qui est en continuité avec l'endoderme de la racine; le bois forme une seule masse qui correspond aux deux faisceaux de la racine soudés par leur base et le liber forme un anneau complet autour du bois.

Dans le *Trichomanes* et le *Lygodium*, cette structure persiste indéfiniment. Si l'on suit le développement dans la tige du *Pteris aquilina*, qui est un des exemples les plus favorables, on voit que les nouvelles parties de la tige qui se forment ont une structure de plus en plus complexe. Le cylindre central s'élargit, le bois se creuse d'une lacune occupée en grande partie par du liber interne ; puis, au-dessus de l'insertion de la première feuille qui a emprunté à la tige une partie de son bois et de son liber, le cylindre central n'a plus que la forme d'un fer à cheval ; un peu plus haut, ce fer à cheval est fermé et le cylindre central a la même structure que dans la tige adulte du *Marsilia* : en dedans de l'écorce est un endoderme continu, puis un anneau de liber, un anneau de bois, un second anneau de liber, un second endoderme, et au centre un parenchyme médullaire. Un peu plus haut, après le départ d'une nouvelle feuille, cet anneau se rompt une première fois, puis, au lieu de se refermer, se rompt une seconde fois. La section transversale présente alors deux endodermes distincts entourant chacun un cordon libéro-ligneux. Puis, chacun de ces cordons se divise à son tour et la tige acquiert bientôt la structure complexe qu'on lui connaît à l'état adulte. Les genres *Nephrodium*, *Polypodium*, *Osmunda*, *Angiopteris* ont été étudiés au même point de vue et ont donné des résultats comparables.

En somme, les structures plus ou moins complexes que présentent les tiges adultes des diverses Filicinées reproduisent les stades successifs que parcourt dans son développement la tige du *Pteris aquilina*, par exemple. Toutes ces structures différentes peuvent être ainsi ramenées à un type unique qui s'arrête plus ou moins tôt dans son évolution.

Sur un cas pathologique présenté par une Légumineuse (Bull. Soc. Bot., t. XXXVI, p. 53).

Cette note renferme la description anatomique d'excroissances bizarres formées sur la tige et les feuilles d'un pied d'*Acacia Mela-*

noxylon cultivé dans les serres du Museum. Les cellules en palissade avaient pris un développement énorme et brisé l'épiderme.

Sur l'endoderme de la tige des Sélaginelles (Journal de Botanique, t. III, p. 207).

La limite entre l'écorce et le cylindre central de la tige des Sélaginelles n'avait pas été précisée. M. Leclerc du Sablon a montré que les cellules très allongées qui relient, à travers de larges lacunes, le cordon libéro-ligneux au parenchyme cortical portent sur leurs parois les plissements cutinisés caractéristiques de l'endoderme; ces cellules correspondent donc à l'assise la plus interne de l'écorce.

Sur les tubercules des Equisétacées (Rev. gén. de Bot., t. IV).

Les rhizomes des *Equisetum* portent quelquefois, attachés aux nœuds, de petits tubercules ovoïdes situés toujours très profondément dans le sol. M. Leclerc du Sablon a fait connaître leur structure. Dans une section transversale d'un tubercule d'*Equisetum Telmateia*, par exemple, on voit à la périphérie un cercle de faisceaux libéro-ligneux entourés chacun d'un endoderme; le reste de la section est occupé par du parenchyme bourré d'amidon. La présence d'un endoderme spécial autour de chaque faisceau est une première différence entre la structure du tubercule d'*E. Telmateia* et celle du rhizome de la même plante. De plus, le faisceau du bois comprend d'assez nombreux vaisseaux situés tous à la face interne du liber et non sur les côtés; enfin, ce faisceau ne renferme pas de lacune, alors que la présence d'une lacune dans le faisceau du bois est un des caractères les plus constants de la tige des Equisétacées. On constate en outre que, dans un tubercule, qui correspond cependant à un seul entre-nœud, les faisceaux libéro-ligneux s'anastomosent de façon à former un réseau serré, alors que dans une tige ordinaire les faisceaux sont toujours parallèles. Cette étude fait donc connaître des différences importantes entre la structure du tubercule d'un *Equisetum* et la structure de la tige de la même espèce.

Sur la pollinisation des fleurs cléistogames (Comptes rendus, le 10 septembre 1900). — *Recherches sur les fleurs cléistogames* (Rev. gén. de Bot., t. XII, p. 305).

Certaines plantes ont deux sortes de fleurs très différentes; dans la Violette, par exemple, les premières fleurs qui apparaissent au printemps ont une corolle très développée et fortement colorée; mais, bien que tous les organes paraissent normaux, la fécondation n'a pas lieu et il n'y a jamais de graines. Plus tard, lorsque la floraison paraît terminée, d'autres fleurs se forment qui restent à l'état de bouton et ont une corolle rudimentaire et incolore. Ce sont les fleurs cléistogames; l'autofécondation s'y produit normalement et le fruit renferme des graines. En faisant des coupes au microtome dans ces fleurs incluses dans de la paraffine, M. Leclerc du Sablon a étudié les caractères particuliers des fleurs cléistogames et le mécanisme de la fécondation.

Dans les fleurs cléistogames de la Violette, le stigmate est sessile, tandis qu'il est porté par un long style dans les fleurs ordinaires ; le tissu conducteur est formé uniquement par l'épiderme interne des carpelles que l'on suit depuis la cavité de l'ovaire jusqu'au stigmate. Les anthères des fleurs cléistogames sont plus petites que celles des autres fleurs de la même plante, et quelquefois elles ne renferment que trois ou même deux sacs polliniques; les parois ont une structure différente; l'assise sous-épidermique ne porte pas d'ornements lignifiés, ce qui explique que les sacs polliniques ne s'ouvrent pas. A la partie supérieure de l'anthère, dans la région voisine du stigmate, les parois ont une structure spéciale : les cellules sont petites et ont un contenu épais semblable à celui des cellules conductrices du stigmate, ce sont les cellules conductrices de l'anthère. Lorsque les grains de pollen germent à l'intérieur de l'anthère, les tubes polliniques se dirigent d'abord d'une façon quelconque ; mais dès qu'ils arrivent au contact des cellules conductrices, ils semblent attirés par les matières nutritives qu'elles renferment, perforent les parois de l'anthère et se trouvent ainsi au contact du stigmate dans lequel ils s'enfoncent pour pénétrer jusqu'aux ovules. L'infériorité qui résulte pour la fleur cléistogame de la non-déhiscence de l'anthère est ainsi compensée par le tissu conducteur qui détermine la sortie du tube pollinique, précisément vis-à-vis du stigmate.

Les fleurs cléistogames d'*Oxalis acetosella*, de *Linaria spuria* et de *Leersia oryzoides* ont été étudiées au même point de vue.

Sur le tubercule du Tamus communis (Rev. gén. de Bot., t. XIV, p. 143)

Dans ce travail, l'auteur décrit le développement du tubercule du Tamier, curieux organe qui tient de la tige et de la racine : comme dans une tige, il y a des faisceaux libéro-ligneux et pas de coiffe ; comme dans la racine, le géotropisme est positif et il n'y a pas de feuilles. Le tubercule commence à apparaître pendant la germination de la graine comme un renflement de l'axe hypocotylé ; la formation est exogène ; c'est le cylindre central qui se renfle tout en restant recouvert par l'épiderme et l'écorce dont l'épaisseur reste constante ; bientôt, dans l'assise sous-épidermique, apparaît l'assise génératrice du liège qui recouvrira entièrement le tubercule même au-dessus du sommet végétatif. La présence du liège surmontant le sommet végétatif d'un organe est un caractère tout à fait singulier ; au point de vue de la protection, le liège joue ici le même rôle que la coiffe des racines. L'assise génératrice qui produit les faisceaux libéro-ligneux secondaires apparaît bientôt après dans le péricycle, et détermine l'épaississement des tubercules. L'accroissement en longueur se fait par un méristème situé près du sommet, mais séparé du sommet même par quelques assises de parenchyme, l'assise génératrice du liège et le liège qui forme la surface externe. Cet accroissement subterminal est encore un caractère spécial du tubercule de Tamier; les tiges proprement dites s'accroissent toujours par leur sommet même.

Sur les causes anatomiques de l'enroulement des vrilles (Bul. Soc. Bot., t. XXIII, p. 480). — *Recherches sur l'enroulement des vrilles* (Ann. Sc. nat. Bot., 7e série, t. V, p. 3).

Dans ce travail, à la fois anatomique et physiologique, M. Leclerc du Sablon a recherché la relation qui existe entre la structure des vrilles et leur propriété de s'enrouler et a étudié le mécanisme de l'enroulement. On sait que, lorsqu'une vrille de Bryone est arrivée à un certain état de développement, elle est animée de mouvements de circomnutation très étendus. Dès que la face concave qui est toujours en avant est arrivée au contact d'un support, la vrille se recourbe et s'enroule autour du support. La face concave est seule sensible, et encore pas sur toute son étendue; si la face convexe était arrivée au contact d'un support, il n'y aurait pas eu enroulement. Dans d'autres vrilles, telles que les pétioles de Clématite, il y a trois faces sensibles; dans les vrilles de Vigne, toutes les faces sont également sensibles.

A quel caractère anatomique est liée la sensibilité d'une vrille? Quelques auteurs, remarquant que, dans les vrilles de Cucurbitacées, les faisceaux libéro-ligneux étaient tous du côté de la face sensible, avaient cru trouver là une relation entre la structure et l'enroulement. Mais dans les vrilles de Passiflore qui ne sont, elles aussi, sensibles que sur une face, les faisceaux sont régulièrement disposés tout autour de la section; dans les vrilles de *Flagellaria*, les faisceaux sont tous du côté de la face non sensible. Il fallait donc chercher une autre explication. M. Leclerc du Sablon a remarqué que, près de l'épiderme de la face sensible des vrilles de Bryone, se trouvaient des cellules très allongées et à sections minces, ces cellules ne se rencontrant d'ailleurs avec les mêmes caractères que dans la région sensible. Dans les genres *Cucurbita*, *Cucumis*, *Lagenaria*, *Luffa*, *Echinocystis*, la même relation se retrouve. Dans toutes les régions sensibles, et dans celles-là seules, on retrouve ces cellules minces et allongées. L'examen des vrilles dans les familles autres que les Cucurbitacées montre bien que ce n'est pas là une simple coïncidence et que la sensibilité des vrilles est bien liée à la présence de ces cellules minces et allongées.

Dans la famille des Passiflorées, les vrilles sont des tiges modifiées et ne sont néanmoins sensibles que sur une seule face. L'examen anatomique montre une structure dont la symétrie axile n'est troublée que par la présence, près de la face sensible, de cellules très allongées qui manquent sur toutes les autres faces. Les vrilles des Légumineuses, qui sont des folioles modifiées, ne sont sensibles que sur une seule face : la face dorsale ; c'est là seulement que l'on observe des cellules allongées analogues à celles qui caractérisent la face sensible de la vrille des Cucurbitacées.

Chez les Ampélidées, la Vigne par exemple, les vrilles, qui sont des tiges, sont moins sensibles que celles des Cucurbitacées, mais le sont également sur toutes leurs faces. On peut le constater directement en excitant, successivement sur toutes ses faces, une vrille non encore enroulée ou bien en observant les vrilles déjà enroulées naturellement. Dans ce dernier cas, on constate que l'une quelconque des faces a pu devenir la face concave dans l'enroulement. Ces vrilles ont conservé dans leur structure, d'une façon complète, la symétrie axile caractéristique des tiges ; dans la partie externe de l'écorce, on observe, sur tout le pourtour de la section, des cellules minces et allongées, mais moins nombreuses et moins différenciées que celles des Cucurbitacées ; cela explique que ces vrilles sont peu sensibles mais le sont également sur tout leur pourtour. Il en est de même dans les espèces de Bignoniacées étudiés par M. Leclerc du Sablon ; les vrilles sont sensibles sur toutes leurs faces et portent des cellules allongées sur tout leur pourtour. Chez les Smilacées, toutes les faces des vrilles sont sensibles, mais inégalement ; on trouve des cellules allongées sur toutes les faces, mais on en trouve davantage sur la face la plus sensible.

Les pétioles des folioles de Clématite qui jouent le rôle de vrilles sont sensibles sur trois de leurs faces ; la face inférieure ou dorsale et les deux faces latérales, la face supérieure est seule insensible : c'est seulement sur cette dernière face que les cellules allongées font défaut.

Le *Flagellaria indica* est une curieuse Comméлynée où le limbe de la feuille se prolonge par un appendice filiforme qui peut jouer le rôle de vrille; contrairement à ce qui se passe dans les autres vrilles foliaires, la face supérieure est seule sensible; on y observe d'une façon très nette les cellules allongées caractéristiques.

La conclusion de cette étude est qu'il existe une relation constante entre la sensibilité d'une vrille et la présence de cellules minces et allongées dans le voisinage de la face sensible.

La plupart des auteurs qui ont étudié les vrilles attribuent l'enroulement à l'inégalité de croissance des deux faces. M. Leclerc du Sablon a montré que, conformément à une opinion anciennement émise par Dutrochet, c'est la turgescence des cellules qui joue le rôle principal; l'accroissement n'intervenant que pour fixer les déformations produites par la turgescence. Toutes les causes qui augmentent la turgescence des cellules hâtent l'enroulement; l'immersion d'une vrille dans l'eau pure, par exemple, produit un enroulement immédiat, surtout si on a eu soin, pour rendre l'action de l'eau plus rapide, de faire une légère fente le long de la vrille. L'immersion dans l'eau sucrée, en diminuant la turgescence, produit un effet inverse. Comment, dans la nature, l'excitation de la face sensible peut-elle déterminer une augmentation de la turgescence? C'est là une question qui est en relation avec la sensibilité du protoplasma et que l'on doit rattacher aux mouvements des plantes sensibles en général.

M. Leclerc du Sablon s'est occupé en dernier lieu de l'enroulement hélicoïde de la partie des vrilles non enroulée autour d'un support, et a montré que cet enroulement est de même nature que celui qui se produit spontanément dans une vrille âgée qui n'est arrivée au contact d'aucun support.

III.

Cryptogames.

Sur l'origine des spores et des élatères des Hépatiques (Compte rendus, le 25 mai 1885). — *Sur le sporogone des Hépatiques et le rôle des élatères* (Bull. Soc. Bot., t. XXXII, p. 30). — *Recherches sur le développement du sporogone des Hépatiques* (Ann. Sc. nat. Bot., 7me série, t. II, p. 126).

Les Hépatiques sont des Muscinées dont la capsule s'ouvre, soit par quatre fentes, soit irrégulièrement, et renferme des spores presque toujours mélangées de cellules stériles appelées élatères. M. Leclerc du Sablon a étudié le développement de la capsule, depuis le moment où les cellules mères des spores apparaissent, jusqu'à la maturité. Dans le *Frullania dilatata*, on commence à distinguer une première différenciation dans les jeunes sporogones larges d'à peine un dixième de millimètre. A la partie supérieure, sous l'assise sous-épidermique, est une assise de cellules facilement reconnaissables à leur protoplasma épais et à leur noyau volumineux et disposées régulièrement dans un plan horizontal suivant deux directions rectangulaires. Ce sont les cellules destinées à donner les spores et les élatères; elles sont d'abord toutes semblables et s'allongent bientôt parallèlement à l'axe du sporogone. Dans une coupe longitudinale, on peut alors les distinguer en deux catégories; les unes s'allongent simplement sans diviser leur noyau, ce sont les cellules mères des élatères; les autres divisent leur noyau et leur protoplasma de façon à constituer une file de cellules, ce sont les cellules mères des spores. Dans une coupe en long, on voit alterner régulièrement les cellules à élatères avec les rangées de cellules mères des spores. Plus tard, chaque cellule mère de spores, en se divisant en quatre, donne quatre spores disposées les unes par rapport aux autres comme les sommets d'un tétraèdre. Les cellules à élatères, longues et minces, traversent la cavité de la capsule sur toute sa longueur et sont fixées aux parois par leurs deux extrémités. Lorsque la capsule approche de sa maturité, le protoplasma, qui devient de plus en plus clair, forme sur la face interne des parois de la cellule une bande spiralée qui indique le lieu de formation de la bande d'épaississement cutinisé caractéristique des élatères adultes. Lorsque la capsule s'ouvre, les élatères restent fixées par leur extrémité supérieure au sommet des valves et, pendant que celles-ci se recourbent, décrivent un mouvement qui contribue à la dissémination des spores. C'est là l'origine de ce petit nuage de spores qu'on peut observer lorsqu'on détermine l'ouverture brusque d'une capsule.

En somme, dans le *Frullania dilatata*, une élatère correspond à une rangée de cellules mères de spores et la différenciation est très précoce. Chez les autres Jungermanniées, surtout chez celles qui ont un thalle, comme les *Pellia* et les *Aneura*, la différenciation en cellules à spores et cellules à élatères est moins précoce et la disposition des élatères est bien moins régulière. Chez les Marchantiées et les Targioniées, la différentiation est encore moins précoce : dans des capsules relativement âgées, les cellules à élatères ne se distinguent pas encore des cellules à spores ; la distinction ne se fait que lorsque les cellules ont cessé de se multiplier : une élatère est dans ce cas l'équivalent seulement d'une seule cellule mère de spores.

Dans le genre *Sphærocarpus*, de la tribu des Ricciées, les cellules de l'intérieur de la capsule se divisent sans qu'il soit possible de faire de distinction entre elles, jusqu'au moment de la formation des spores aux dépens des cellules mères. On voit alors que certaines cellules, un peu plus grosses que les autres, donnent quatre spores qui restent longtemps réunies. Les autres cellules, plus petites, divisent aussi leur noyau en quatre, mais restent stériles : bien qu'elles ne présentent aucun ornement sur leurs parois, on doit les considérer comme les homologues des élatères. Enfin, dans le genre *Riccia*, toutes les cellules de l'intérieur de la capsule donnent des spores et il n'y a plus rien qui corresponde aux élatères.

En somme, ce travail, où le développement du sporogone des Hépatiques est étudié dans des espèces appartenant aux différentes tribus, montre qu'il existe une relation entre l'état de perfection relatif de l'appareil végétatif d'une part et la précocité de la différenciation des élatères d'autre part. Les Jungermanniées, qui sont les Hépatiques les plus parfaites, ont les élatères les plus différenciées et les plus précoces; les Ricciées, qui sont les Hépatiques les moins parfaites, n'ont pas d'élatères ou en ont de rudimentaires apparaissant très tard. Les Marchantiées et les Targioniées sont intermédiaires.

Sur le développement du sporogone des Mousses (Rev. gén. de Bot., t. XVII, p. 193).

Les Mousses ont deux appareils végétatifs : la tige feuillée issue de la spore et le sporogone issu de l'œuf. La similitude des formes extérieures a d'abord amené les botanistes à comparer la tige feuillée des Mousses à la tige feuillée des Cryptogames vasculaires, bien que celle-ci soit issue de l'œuf et non de la spore. En suivant le développement du sporogone et la marche des cloisonnements à partir de la cellule terminale, M. Leclerc du Sablon a trouvé de nouveaux arguments pour comparer la tige feuillée des Cryptogames vasculaires, non plus à la tige feuillée des Mousses, mais bien au sporogone.

Le premier cloisonnement tangentiel de la cellule terminale détermine deux régions dans le sporogone : l'externe correspondant à l'écorce et l'interne au cylindre central. Dans la région externe, les cloisonnements tangentiels se font dans l'ordre centrifuge; l'assise la plus interne correspondant à l'endoderme est donc la première différenciée, et l'assise la plus externe la dernière; c'est exactement ce qui se passe dans la tige des Fougères. Dans aucun des deux cas d'ailleurs, l'assise la plus externe, bien que destinée à porter des stomates, ne peut être assimilée d'une façon complète à l'épiderme des Phanérogames, car sa différenciation est tardive, au lieu d'être précoce comme celle d'un vrai épiderme. Les cloisonnements tangentiels du cylindre central s'effectuent, au contraire, dans la direction centripète; l'assise la plus externe ou péricycle est donc la première différenciée; c'est l'assise des cellules-mères des spores.

En observant la suite du développement, M. Leclerc du Sablon a vu que l'assise la plus interne de l'écorce se divisait par des cloisonnements tangentiels en trois assises qui forment une sorte de gaine de tissu secondaire autour des cellules-mères des spores; c'est cette gaine qui constituera dans la capsule adulte les parois du sac sporifère. Ce cloisonnement de l'assise la plus interne de l'écorce est un caractère qui permet de comparer cette assise à l'endoderme de la tige des Fougères. Il résulte, en effet, d'un travail de MM. Van Tieghen et Douliot que l'activité de l'endoderme des Fougères se manifeste non seulement par la production des racines, mais encore, dans certains cas, par un cloisonnement tangentiel tardif entièrement comparable à celui qui le produit dans le sporogone des Mousses.

Sur une maladie du Platane (Revue gén. de Bot., t. IV, p. 473).

Le *Glœosporium Platani* est un Champignon de la famille des Mélanconiées, parasite du Platane. Lorsque les conditions atmosphériques sont favorables à son développement, ce Champignon devient très abondant et détermine dans le courant de mai la chute d'un très grand nombre de feuilles, à ce point que certains arbres en sont presque complètement dégarnis. Puis, de nouvelles feuilles poussent et, généralement dans le courant de l'été, la maladie semble avoir disparu. M. Leclerc du Sablon a étudié le développement de ce Champignon parasite et la marche de la maladie dont il est la cause.

La présence du Champignon se révèle par de petites pustules situées en général sur les nervures des feuilles ou sur les tiges âgées de deux ou trois ans au plus. Ce sont les réceptacles des spores; ils sont constitués par un faux tissu à la surface duquel se dressent des filaments sporifères très nombreux. Le mycélium peut être observé dans les tissus du Platane assez loin des réceptacles; il est formé de filaments cloisonnés qui vont d'une cellule à l'autre en perforant les parois. Par endroits, à peu de distance de l'épiderme des jeunes tiges, il se forme de petits sclérotes ; c'est sous cette forme que le Champignon passe l'hiver à l'état de vie ralentie. Au printemps, des réceptacles se forment aux dépens des sclérotes et la maladie se propage par les nombreuses spores ainsi formées.

M. Leclerc du Sablon a été amené à réunir en une seule espèce : le *Glæosporium Platani,* trois espèces décrites par Saccardo : le *G. Platani*, le *G. nervisequum* et le *G. valsoideum*.

Les observations faites sur le Platane malade ont été corroborées par des cultures du Champignon parasite faites dans de la gélatine additionnée d'une décoction de feuilles de Platane. Le Champignon cultivé avait un port différent suivant qu'il se développait dans l'air ou à l'intérieur même du milieu nutritif; il a produit des spores et formé des sclérotes.

De la connaissance de la maladie résulte l'indication d'un remède. Le Champignon passe l'hiver sur les jeunes branches âgées de deux ou trois ans au plus ; en supprimant ces branches par une taille convenable, on débarrasse l'arbre de son parasite ; comme la contamination à distance est lente, il y a des chances pour que les arbres taillés restent longtemps indemnes. L'expérience faite à plusieurs reprises sur les arbres des promenades de Toulouse a toujours confirmé ces prévisions. On a pu voir, non loin d'arbres non taillés qui perdaient leurs feuilles, des arbres taillés depuis un ou deux ans qui ne présentaient pas trace de maladie.

IV.

Physiologie.

Sur la germination du Ricin (Comptes rendus, le 2 octobre 1893). — *Sur la germination des graines oléagineuses* (Comptes rendus, le 1er octobre 1894). — *Recherches sur la germination des graines oléagineuses* (Rev. gén. de Bot., t. VII, p. 147). — *Sur la germination des amandes* (Rev. gén. de Bot., t. IX, p. 15). — *Sur les réserves oléagineuses de la noix* (Rev. gén. de Bot., t. IX, p. 313).

Dans cette série de mémoires, M. Leclerc du Sablon a étudié la digestion des réserves oléagineuses pendant la germination des graines ainsi que le mode de formation de ces mêmes réserves oléagineuses. Les graines de Ricin sont celles qui se prêtent le mieux à cette étude parce que les réserves non azotées y sont formées presque exclusivement par de l'huile. Les graines étaient mises à germer dans une étuve; l'ensemble des matières grasses, les acides gras, le saccharose et le glucose étaient dosés, aux divers stades de la germination, séparément dans l'albumen et dans la plantule. Dans l'albumen, l'ensemble des corps gras diminue constamment tandis que la proportion relative d'acide gras augmente; la proportion de saccharose, qui était d'environ 1 % avant la germination, augmente rapidement, atteint un maximum de 20 %, puis diminue; la proportion de glucose, nulle au début, augmente d'abord lentement, puis de plus en plus vite et atteint 24 %. Pendant ce temps, on peut constater que les plantes, qui se sont nourries exclusivement aux dépens de l'albumen, renferment très peu de matières grasses et de saccharose et environ 15 % de glucose.

Le fait important mis en évidence par ces expériences est la transformation de l'huile en sucre; en effet, pendant que dans l'ensemble de la graine la proportion d'huile passe de 70 % à 14 %, la proportion de sucre passe de 1 % à 25 %, et cela sans que l'assimilation soit intervenue. La comparaison des proportions de glucose et de saccharose aux diverses phases de la germination montre que la matière grasse s'est d'abord transformée en saccharose ; puis ce saccharose a donné du glucose, lequel est absorbé par les cotylédons et sert à nourrir la plantule. Les acides gras paraissent être un produit transitoire de la digestion de l'huile. Pendant la germination des albumens isolés, la digestion des matières grasses est plus rapide, mais moins complète ; il y a formation de beaucoup de saccharose, mais de peu de glucose. La transformation de l'huile en sucre, correspondant à une oxydation, est confirmée par le quotient respiratoire très faible qui a été trouvé par divers auteurs pour les graines oléagineuses en germination.

En faisant des dosages correspondants sur des graines en voie de formation, depuis le 18 septembre jusqu'au 28 octobre, l'auteur a trouvé des transformations inverses de celles qui se produisent pendant la germination : la proportion d'huile varie de 6 % à 60 %, et la proportion de sucre de 24 % à 2 % ; il en a conclu que le coefficient respiratoire devait être alors supérieur à 1 ; ce résultat a été vérifié depuis.

Les conclusions tirées de l'étude des graines de Ricin ont été généralisées par des expériences analogues faites sur des graines de Chanvre, de Colza, de Lin, de Pavot, d'Arachide et de Soya, ainsi que sur des amandes et des noix. Mais ici, les résultats sont moins nets et ne peuvent être interprétés clairement qu'à condition de les comparer à ceux obtenus avec le Ricin. Dans tous les cas, la proportion de matière grasse diminue constamment ; mais les sucres sont beaucoup moins abondants et pourraient à la rigueur ne pas provenir exclusivement de la digestion de l'huile. Le saccharose, qui est un produit intermédiaire entre l'huile et le glucose, peut n'avoir, comme dans le Pavot, qu'une existence éphémère et n'existe alors qu'en quantité très faible. D'autres fois, comme dans le Soja, le glucose est consommé au fur et à mesure de sa production et n'est jamais abondant. L'Arachide a donné des résultats presque aussi nets que le Ricin. Pour toutes ces plantes, il faut tenir compte des réserves de saccharose qui existent toujours dans la graine mûre. La formation de la graine a été étudiée dans le Soja et la noix; les résultats sont les mêmes que pour le Ricin.

Il résulte de ce travail que la digestion des matières grasses s'effectue, pendant la germination, d'une façon analogue à celle des matières amylacées; l'huile est d'abord transformée en saccharose, puis le saccharose en glucose directement assimilable. De plus, les transformations qui s'accomplissent pendant la maturation de la graine sont inverses de celles qui se produisent pendant la germination.

Sur la digestion des albumens gélatineux (Rev. gén. de Bot., t. VII, p. 401).

Certaines Légumineuses ont un albumen où la matière de réserve est surtout formée par de la cellulose gélifiée. M. Leclerc du Sablon a étudié dans les genres *Sophora* et *Gleditschia* les transformations que subit cet albumen pendant la germination, aussi bien dans la germination normale que dans les germinations d'albumens isolés. Contrairement à ce qui se passe dans les graines à réserves oléagineuses ou amylacées, il n'y a production que d'une très faible quantité de glucose. Le produit de la digestion de la cellulose gélifiée est un hydrate de carbone soluble dans l'eau, mais insoluble dans l'alcool et qui paraît être assimilé directement par la jeune plante.

Sur la digestion de l'albumen du Dattier (Rev. gén. de Bot., t. IX, p. 395).

Les réserves non azotées de l'albumen du Dattier sont surtout formées par les parois cellulaires dures et épaisses; il y a aussi une certaine quantité de matières oléagineuses, environ 10 % du poids total. En analysant l'albumen aux différentes phases de la germination, M. Leclerc du Sablon a constaté que la composition ne varie pas sensiblement : ce résultat montre, comme l'examen anatomique l'avait déjà indiqué à M. Van Tieghem, que les albumens cornés ne renferment pas de diastase pouvant digérer la cellulose. La digestion se fait seulement au contact du cotylédon ; le produit de la digestion est surtout formé par du saccharose que l'analyse permet de retrouver en abondance dans le cotylédon.

Sur les tubercules d'Orchidées (Comptes rendus, le 12 juillet 1897). — *Sur les matières de réserve de la Ficaire* (Comptes rendus, le 21 mars 1898). — *Recherches sur les réserves hydrocarbonées des bulbes et des tubercules* (Rev. gén. de Bot., t. X, p. 353). — *Caractères de la vie ralentie des bulbes et des tubercules* (Comptes rendus, le 31 octobre 1898). — *Sur la dextrine considérée comme matière de réserve* (Comptes rendus, le 4 avril 1899).

Un certain nombre de plantes herbacées sont vivaces par leurs parties souterraines constituées en tubercules ou en bulbes. Chez la Tulipe, par exemple, un bulbe se forme pendant la période de vie active, en hiver et au printemps, et reste la seule partie vivante de la plante pendant l'été, qui correspond à la période de vie ralentie ; à l'automne, lorsque la végétation reprend, la tige et les feuilles se développent aux dépens du bulbe qui est consommé, un nouveau bulbe se forme pour remplacer l'ancien, et ainsi de suite. M. Leclerc du Sablon a étudié la composition des réserves pendant les périodes de formation, de vie ralentie et de destruction dans les bulbes ou les tubercules des espèces suivantes : *Ophrys aranifera, Tulipa gesneriana, Hyacinthus orientalis, Lilium candidum, Colchicum autumnale, Solanum tuberosum, Ranunculus bulbosus, Arum italicum, Iris germanica, Ficaria ranunculoides, Helianthus tuberosus, Dahlia variabilis, Allium Cepa, Asphodelus albus, Stachys tuberifera.* Les organes de réserves ont été récoltés pendant tout le cours du développement qui dure, suivant les cas, une ou plusieurs années, à des intervalles d'environ quarante jours ou même plus souvent dans certains cas. Les éléments dosés sont : les sucres réducteurs, les sucres non réducteurs, les matières amylacées solubles dans l'eau, les matières amylacées insolubles et l'eau.

Composition des réserves. — Pendant la période de vie ralentie que l'on peut considérer comme caractéristique, la composition des réserves hydrocarbonées présente de grandes variations, suivant les espèces étudiées. On trouve surtout : de l'amidon dans le Colchique, l'Arum, la Renoncule, l'Iris et la pomme de terre ; de l'amidon et de la dextrine dans l'Ophrys, le Lis, la Tulipe et la Jacinthe ; de l'amidon, de la dextrine et du saccharose dans la Ficaire ; de l'inuline et de la lévuline dans le Dahlia ; de l'inuline, de la lévuline et du saccharose dans le Topinambour ; du saccharose dans l'Oignon et l'Asphodèle. Un des caractères les plus généraux de la composition des réserves pendant la vie ralentie est l'absence de glucose qui n'existe guère en quantité notable que dans l'Oignon et l'Asphodèle, où la vie est d'ailleurs moins ralentie que dans les autres cas.

Digestion des réserves. — Le glucose est, en effet, la forme sous laquelle les réserves hydrocarbonées sont assimilées par la plante pendant la vie active. M. Leclerc du Sablon a montré que dans tous les cas, pendant la période de digestion des réserves, les matières amylacées insolubles sont d'abord transformées en matières amylacées solubles et celles-ci en sucres non réducteurs qui donnent à leur tour des sucres réducteurs directement assimilables. Dans certains cas, tels que l'Ophrys, le Lis, la Tulipe, les produits intermédiaires sont abondants et, par leur succession, montrent clairement l'ordre des transformations. Dans d'autres cas, au contraire, les réactions sont plus rapides et le glucose est consommé au fur et à mesure de la production. Il est alors facile de faire apparaître les produits intermédiaires et le glucose en broyant les tubercules vivants et en les abandonnant ensuite à eux-mêmes pendant quelques heures pour laisser agir les diastases. La digestion est ainsi rendue très rapide et les produits, n'en étant pas assimilés, sont faciles à observer.

Formation des réserves. — Pendant que les organes de réserve se développent, on y observe en général des transformations inverses de celles qui ont été décrites pendant la période de digestion, mais avec moins de régularité. Les sucres apparaissent d'abord. Dans l'Ophrys, c'est un mélange de sucres réducteurs et de sucres non réducteurs; dans la Tulipe et le Colchique, ce sont presque exclusivement des sucres non réducteurs; dans l'Oignon, ce sont des sucres réducteurs; dans l'Arum et la Ficaire, les jeunes tubercules renferment très peu de sucres.

Évolution des organes de réserve. — Lorsque l'organe de réserve est bisannuel, ce qui est un cas fréquent, on distingue dans son évolution trois périodes nettes : une période de formation pendant la première année, une période de vie ralentie, une période de digestion pendant la seconde année. Mais certains organes de réserve, tels que les racines d'Asphodèle, les tubercules d'Arum, les rhizomes d'Iris, vivent normalement pendant un nombre d'années plus considérable. M. Leclerc du Sablon a observé pour ce cas, dans leur composition, une périodicité annuelle très régulière. Pendant la première et la dernière année de leur vie, les racines tuberculeuses d'Asphodèle par exemple se conduisent comme une racine tuberculeuse bisannuelle pendant la première et la seconde année de sa vie; elles se forment pendant la première année et se détruisent pendant la dernière année. Dans l'intervalle, leur aspect extérieur change peu, mais leur composition intérieure varie beaucoup; pendant la période de vie ralentie de la plante, les réserves y passent par un maximum; au moment de la reprise de la végétation, les réserves sont partiellement digérées et diminuent notablement; à la fin de la période de végétation active annuelle, les réserves se reforment de nouveau. Une même racine peut ainsi, pendant quatre ou cinq ans, présenter chaque année un maximum et un minimum de réserves.

Variations de la proportion d'eau. — Les variations de la proportion d'eau dans les bulbes et les tubercules sont étroitement liées à l'état des réserves. Dans les organes jeunes, la proportion d'eau est d'abord considérable, puis diminue à mesure que les réserves augmentent, passe par un minimum correspondant au maximum des réserves pendant la période de vie ralentie, augmente ensuite pendant la digestion des réserves. La courbe de l'eau est toujours inverse de celle des réserves, et cela, quel que soit le degré d'humidité du milieu extérieur. Les bulbes qui germent dans un milieu sec renferment beaucoup plus d'eau que ceux qui sont à l'état de vie ralentie dans un milieu très humide. Les propriétés osmotiques des substances renfermées dans le suc cellulaire et notamment des acides organiques peuvent rendre compte de ces différences. C'est aussi par des considérations relatives à l'osmose qu'on s'explique que les organes à réserves sucrées et acides sont ceux qui retiennent le plus d'eau pendant la période de vie ralentie. Dans l'Oignon, par exemple, on trouve plus de 1,000 parties d'eau pour 100 de matière sèche.

Sur les variations des réserves hydrocarbonées dans la tige et la racine des plantes ligneuses (Comptes rendus, le 17 novembre 1902). — *Sur l'influence du sujet sur le greffon* (Comptes rendus, le 9 mai 1903). — *Recherches physiologiques sur les matières de réserves des arbres* (Rev. gén. de Bot., t. XVI, p. 341). — *Sur les effets de la décortication annulaire* (Comptes rendus, le 5 juin 1905). — *Sur les réserves hydrocarbonées des arbres à feuilles persistantes* (Comptes rendus, le 3 juin 1905). — *Recherches physiologiques sur les matières de réserve des arbres; 2e Mémoire* (Rev. gén. de Bot., t. XVIII).

Après avoir étudié les plantes à bulbe ou à tubercule au point de vue des réserves, M. Leclerc du Sablon a recherché dans quelle mesure les résultats obtenus s'appliquaient aux plantes ligneuses. Il a opéré sur le Poirier, le Cognassier, le Châtaignier, le Saule, le Framboisier, le Fusain d'Europe, le Fusain du Japon, le Chêne vert, le Mélèze et le Pin d'Autriche. Des individus comparables de chaque espèce étaient récoltés environ tous les quarante jours, pendant toute une année. Pour chaque individu, les racines, les tiges et les feuilles étaient traitées à part; les matières sucrées, les matières amylacées, les matières grasses, l'eau et, pour certaines espèces, l'azote, étaient dosés. Le mode de dosage des matières amylacées insolubles dans l'eau a fait l'objet d'une étude spéciale; le procédé, adopté après de nombreux tâtonnements, est celui qui permet de doser, en même temps que l'amidon, la cellulose de réserve attaquable par les acides. Il convient d'examiner séparément les arbres à feuilles caduques et les arbres à feuilles persistantes.

Réserves hydrocarbonées des arbres à feuilles caduques. — Dans la racine, les réserves hydrocarbonées augmentent pendant l'été et l'automne jusqu'au moment de la chute des feuilles et atteignent alors leur maximum; la tige se comporte de la même façon, mais les réserves y sont moins abondantes. Après la chute des feuilles et pendant tout l'hiver, on observe en général une très faible diminution des réserves qu'on peut expliquer par ce fait que la plante continue à respirer, mais n'assimile plus. Il est à remarquer que pendant l'hiver l'amidon des arbres disparaît presque complètement sans que pour cela l'ensemble des réserves hydrocarbonées diminue beaucoup; c'est que l'amidon s'est transformé en cellulose de réserve dosable en même temps que l'amidon. Au printemps, au moment du départ de la végétation, les réserves diminuent brusquement, aussi bien dans la tige que dans la racine, et sont employées à la formation des nouvelles pousses. Puis, lorsque l'assimilation est devenue intense et que la végétation se ralentit, les réserves augmentent de nouveau, et ainsi de suite. Il y a donc, d'une façon générale, un maximum des réserves en automne, après la période d'assimilation, et un minimum au printemps, au moment de la formation des nouvelles pousses.

On observe quelquefois, au moment de l'éclosion des bourgeons, une augmentation des réserves dans la tige en même temps qu'une diminution dans les racines : c'est que les réserves de la racine émigrent dans la tige pour servir à la formation de nouvelles branches. Des expériences de décortication annulaire, pratiquées au collet des arbres et accompagnées de dosages faits un certain temps après l'opération, ont mis en évidence les diverses migrations des réserves. Dans un arbre décortiqué en février, la tige est d'abord plus pauvre en réserves que dans un arbre intact parce qu'elle ne reçoit plus rien de la racine; mais plus tard, au mois de juin, lorsque l'assimilation est intense, les réserves formées dans les feuilles sont arrêtées par la décortication et ne peuvent descendre dans la racine; la tige des arbres décortiqués devient alors beaucoup plus riche en réserves que celle des arbres intacts. Dans la racine, c'est l'inverse qui a lieu. En mars et avril, les réserves ne pouvant remonter dans la tige sont beaucoup plus abondantes dans les racines des arbres décortiqués; en été, au contraire, les racines des arbres décortiqués, ne recevant rien de la tige et des feuilles, deviennent très pauvres en réserves.

L'appareil végétatif des arbres, et surtout leurs racines, jouent donc dans une certaine mesure le rôle d'organe de réserves qui est si net dans un tubercule. La différence entre le maximum et le minimum des réserves est quelquefois assez considérable : ainsi la racine du Saule, qui renferme 29 % de réserves hydrocarbonées en octobre, n'en contient plus que 14 % en avril.

Réserves hydrocarbonées des arbres à feuilles persistantes. — Les arbres à feuilles persistantes se conduisent d'une façon un peu différente. Pendant l'été, les réserves augmentent, comme dans les arbres à feuilles persistantes, mais plus lentement, l'assimilation étant moins intense; en automne et pendant tout l'hiver, les réserves ne cessent d'augmenter et atteignent leur maximum au printemps, au moment de l'éclosion des bourgeons. L'augmentation considérable des réserves pendant l'hiver provient de ce que, pendant cette période, la dépense de la plante est réduite à son minimum, l'intensité de la respiration étant diminuée par le froid et aucun nouvel organe ne se formant, tandis que l'assimilation, à peine influencée par la température, est presque aussi forte qu'en été. Plus tard, lorsque les nouveaux rameaux se forment, les réserves diminuent, passent par un minimum, puis augmentent pendant l'été, et ainsi de suite. Dans les arbres à feuilles persistantes, il y a donc un maximun de réserves au moment de l'éclosion des bourgeons, et un maximum peu après, pendant que les nouveaux rameaux se forment.

Azote. — L'azote a été dosé dans quelques arbres à feuilles caduques. Dans la tige et la racine, les variations s'effectuent dans le même sens que celles des réserves hydrocarbonées; il y a un minimum au printemps et un maximum en automne. Les feuilles sont beaucoup plus riches en azote que les tiges et les racines; la proportion de matières azotées diminue d'ailleurs régulièrement, dans les feuilles, depuis le printemps jusqu'en automne.

Matières grasses. — Les matières grasses, ou plus exactement l'ensemble des matières solubles dans l'éther anhydre, sont généralement peu abondantes dans la tige et la racine, et ne paraissent pas y jouer de rôle important. Il n'en est pas de même dans la feuille. L'extrait éthéré y est toujours abondant et augmente assez régulièrement depuis le printemps jusqu'à l'automne. Dans le Châtaignier, par exemple, cet extrait est de 4,6 % en mai et de 9,3 % en septembre. Il semble que la matière grasse qui s'accumule ainsi dans les feuilles soit un résidu des synthèses qui s'effectuent dans les feuilles vertes.

Eau. — Les variations dans la proportion d'eau se font comme dans les tubercules et sont, dans une large mesure, indépendantes de l'humidité du milieu extérieur. Il y a un maximum dans la proportion d'eau au printemps, au moment de la formation des nouveaux rameaux, lorsque les réserves passent par leur minimum; le minimum de l'eau est en automne pour les arbres à feuilles caduques, et à la fin de l'hiver pour les arbres à feuilles persistantes, lorsque les réserves passent par leur maximum.

Recherches physiologiques sur le fruit des Cucurbitacées (Rev. gén. de Bot., t. XVII, p. 145). — *Sur une conséquence de la fécondation croisée* (Comptes rendus, le 28 décembre 1903). — *Sur les changements de composition du fruit des Cucurbitacées* (Comptes rendus, le 30 janvier 1905).

Ce travail renferme l'étude du fruit de treize Cucurbitacées différentes. L'eau, les réserves sucrées et les réserves amylacées ont été dosées dans le fruit au moment de la maturité, dans les diverses phases de la formation et plus ou moins longtemps après la maturité. Au point de vue de la composition du fruit mûr, les Cucurbitacées peuvent être rattachées à trois types différents, suivant que la réserve est amylacée, comme dans la Courge olive, sucrée, comme dans le Melon, ou nulle, comme dans la Gourde dont le fruit mûr se dessèche. On trouve d'ailleurs des intermédiaires entre ces trois types; ainsi la Courge du Siam renferme à la fois des réserves sucrées et des réserves amylacées.

L'évolution d'un fruit de Cucurbitacée présente la plus grande analogie avec celle d'un bulbe ou d'un tubercule. Si l'on prend deux exemples à réserve amylacée comme la Courge olive et le bulbe de Tulipe, on voit que le jeune fruit, comme le jeune bulbe, renferme d'abord beaucoup de sucre; puis peu à peu le sucre se transforme en matière amylacée. Au moment de la maturité du fruit et de la vie ralentie du bulbe, le sucre passe par un minimum et les matières amylacées par un maximum; ensuite, la digestion de l'amidon s'effectue dans le fruit conservé après la maturité, comme dans le bulbe qui germe; l'amidon est transformé en maltose, puis en glucose. Mais tandis que le produit de la digestion est utilisé dans le bulbe pour la formation d'une nouvelle plante, les réserves du fruit servent simplement à entretenir la respiration.

La proportion d'eau varie de la même façon dans les deux cas, passe par un minimum au moment de la maturité du fruit et de la vie ralentie du bulbe, puis augmente rapidement. Dans les fruits conservés, l'augmentation de la proportion d'eau est due à la décomposition, par la respiration, des hydrates de carbone en eau qui reste et en carbone qui se dégage à l'état de gaz carbonique. La décomposition des réserves du fruit mûr par la respiration est d'autant plus rapide que la température est plus élevée; de là l'utilité de conserver les fruits destinés à la consommation dans un endroit aussi froid que possible.

Les fruits sucrés, comme le Melon, se rapprochent des bulbes sucrés, comme l'Oignon, parce que le glucose existe seul ou presque seul au commencement de la formation et que le saccharose passe par un maximum, dans le fruit au moment de la maturité, dans le bulbe au moment de la vie ralentie.

En opérant des fécondations croisées entre deux espèces du même genre ou deux races d'une même espèce, M. Leclerc du Sablon a constaté que le pollen d'une espèce fécondant le pistil d'une autre espèce exerçait une influence non seulement sur la graine formée, mais encore sur la composition chimique du péricarpe. Ainsi un pistil de Melon fécondé par du pollen de Concombre donne un fruit moins sucré qu'un Melon ordinaire ; de là le danger, constaté depuis longtemps dans la pratique, de cultiver des Concombres à côté des Melons.

De l'influence des gelées sur les mouvements de la sève (Bull. Soc. Bot., t. XXXIII, p. 208).

La pression à laquelle la sève est soumise à l'intérieur d'un arbre peut être mesurée avec un manomètre à mercure dont une branche est enfoncée à frottement exact dans un trou pratiqué dans le bois. M. Leclerc du Sablon ayant fait des mesures de ce genre sur certains arbres a remarqué, surtout chez le Sycomore, des variations de pression très brusques qui survenaient les jours où une forte gelée nocturne était suivie de dégel vers neuf ou dix heures du matin. La pression de la sève, voisine de la pression atmosphérique jusque vers midi, augmentait ensuite très rapidement, passait par un maximum vers une heure et demie et diminuait ensuite. Le 25 février 1886, de onze heures à une heure et demie, la pression indiquée par un manomètre enfoncé à une profondeur de 2 centimètres dans le bois a indiqué une augmentation de pression d'environ 28 centimètres de mercure.

Expériences sur l'absorption de l'eau par les graines (Bull. Soc. biol., le 12 avril 1889).

On sait que les graines augmentent de volume en absorbant de l'eau. M. Leclerc du Sablon a mesuré, dans une première série d'expériences, le rapport qui existe entre le volume d'une graine humectée et la somme des volumes d'une graine sèche et de l'eau absorbée. En général, il y a contraction, rarement il y a dilatation; quelquefois, le volume de la graine humide est égal au volume de la graine sèche et de l'eau absorbée. D'ailleurs, la contraction ou la dilatation dépendent du temps que dure l'expérience. Ainsi, pour les graines de Fève, il y a d'abord une contraction faible, qui augmente ensuite, passe par un maximum après trente-six heures d'immersion dans l'eau, puis diminue, devient nulle, et au bout de quatre-vingt-quinze heures fait place à une légère dilatation. Pour le Maïs, l'Orge, la Courge, le Buis, il y a toujours contraction; pour le Févier et le Lupin, il y a dilatation. Pour le Lin, malgré la gélification des parois, il n'y a ni contraction, ni dilatation. Les graines mortes donnent à peu près les mêmes résultats que les graines vivantes; on a donc simplement affaire à un phénomène physique.

Dans une seconde série d'expériences, l'auteur a mesuré la force d'aspiration des graines à l'égard de l'eau. Pour cela, les graines sont placées dans une poire en caoutchouc que l'on finit de remplir avec de l'eau; le col de la poire est ensuite adapté à une branche d'un manomètre à mercure; la portion du manomètre qui arrive au contact des graines est remplie d'eau. Les graines qui sont dans la poire absorbent l'eau, se gonflent, dilatent par conséquent la poire en caoutchouc; l'eau qui est à la partie supérieure du manomètre est aspirée et passe dans la poire en soulevant la colonne de mercure. La différence des niveaux du mercure dans les deux branches donne une idée de la force d'aspiration des graines. En employant un tube manométrique d'un diamètre d'environ 5 millimètres et en mettant 115 grammes de graines de Pois chiches dans la poire en caoutchouc, la différence de niveau s'est élevée à 44 centimètres. Avec les graines de Pois le résultat a été à peu près le même; avec les graines de Colza, de Blé et de Maïs, la différence de niveau était moindre.

Sur le sommeil des feuilles (Rev. gén. de Bot., t. II, p. 337).

L'auteur a étudié la structure des renflements moteurs des feuilles dans la position de veille et dans la position de sommeil. Il conclut de cet examen que les mouvements du sommeil ne doivent pas être attribués uniquement aux variations de la turgescence et que l'élasticité des parois joue aussi un rôle très important.

V.

Botanique appliquée.

Le Phalaris nodosa, *nouvelle Graminée fourragère* (Bull. Soc. nat. Agric., 1902).

Dans cette communication à la Société nationale d'Agriculture, M. Leclerc du Sablon rend compte d'expériences de culture faites sur le Phalaris noueux et qui montrent que cette Graminée pourrait utilement entrer dans les mélanges qui servent à constituer les prairies naturelles. La principale qualité du Phalaris noueux est sa résistance à la sécheresse. Après une période de végétation luxuriante au printemps, la floraison arrive tardivement, vers le milieu de juin sous le climat de Toulouse. Il est préférable de faucher avant la fin de la floraison afin d'éviter le durcissement des tiges. De nouvelles pousses ne se forment pas immédiatement après la fructification, comme dans la plupart des Graminées fourragères qui végètent plus ou moins pendant tout l'été. En juillet et août, la végétation du Phalaris est comme arrêtée ; c'est une période de vie ralentie correspondant à la saison sèche. C'est grâce à cette particularité, caractéristique de beaucoup de plantes de steppes, que le Phalaris peut traverser sans souffrir des étés très secs. Dès les premières pluies, la végétation active recommence et, pendant tout l'automne et l'hiver, les prairies de Phalaris sont couvertes d'un gazon épais très recherché par les animaux. Un inconvénient du Phalaris noueux est la sensibilité des jeunes plantules au froid. Au-dessous de — 10° les semis d'automne souffrent beaucoup.

La composition chimique du Phalaris noueux comparée à celle des autres Graminées fourragères paraît indiquer des propriétés nutritives précieuses ; d'après les quelques dosages effectués, la teneur en azote est supérieure à celle constatée dans le Fromental, le Dactyle, le Raygrass et la Fétuque élevée.

VI.

Traités généraux

Cours de Botanique (le premier volume, 1328 pages, a fini de paraître en 1905). — En commun avec M. Gaston Bonnier.

Ce cours de Botanique doit comprendre deux volumes : le premier est consacré à la morphologie et à la classification des Phanérogames, le second aux Cryptogames, à la Physiologie et à la Géographie botanique. Le premier volume a paru et comprend 1328 pages et 2389 figures, la plupart originales. La tige, la feuille, la racine et la fleur y sont étudiées d'après des exemples concrets et choisis autant que possible parmi les plantes qu'il est facile de se procurer. Toutes les généralisations s'appuient sur les faits décrits dans l'ouvrage même. L'exposé de l'état actuel des questions est suivi d'un aperçu historique montrant l'enchaînement des découvertes.

L'étude systématique des familles de Phanérogames a reçu un grand développement. Les Angiospermes ont été divisées en vingt séries comprenant aussi bien les familles exotiques que celles de la flore européenne. L'étude de chaque famille importante est divisée en cinq parties :

1° *Caractères généraux.* — Conformément à la méthode adoptée dès le début de l'ouvrage, les caractères de famille sont étudiés d'après des exemples particuliers convenablement choisis; de la comparaison de ces exemples résulte l'énoncé des caractères généraux de la famille.

2° *Classification.* — Les caractères généraux étant connus, la classification de la famille est établie et les principaux genres sont décrits.

3° *Développement et structure anatomique.* — Les auteurs donnent ensuite les caractères tirés de la structure et du développement des parties aériennes et souterraines de l'appareil végétatif. Cette étude est indispensable pour apprécier les véritables affinités des familles.

4° *Distribution géographique et adaptations; espèces fossiles.* — La distribution géographique est accompagnée pour chaque famille de l'indication des principales adaptations qui contribuent à donner un aspect caractéristique aux principales régions botaniques. La distribution dans le temps accompagne la distribution dans l'espace et les époques géologiques où la famille a été observée sont mentionnées avec figures à l'appui.

5° *Applications.* — Enfin, dans la dernière partie, les principales applications agricoles, industrielles et médicales sont signalées.

Après chaque série de famille, une figure schématique, composée de cercles dont la surface est proportionnelle au nombre d'espèces de chaque famille, indique, par sa disposition et les lignes qui relient les cercles, les liens de parenté plus ou moins étroits qui existent entre les familles.

LISTE CHRONOLOGIQUE DES TRAVAUX

PUBLIÉS PAR M. LECLERC DU SABLON.

---

1. Sur la tige de la Glycine (*Bulletin de la Société Botanique de France*, t. XXX, p. 275; 1883).

2. Sur la déhiscence des fruits secs (*Bulletin de la Société Botanique de France*, t. XXX, p. 304; 1883).

3. Sur la chute des feuilles marcescentes (*Bulletin de la Société Botanique de France*, t. XXXI, p. 236; 1884).

4. Mécanisme de la déhiscence des sporanges des Cryptogames vasculaires (*Bulletin de la Société Botanique de France*, t. XXXI, p. 292; 1884).

5. Recherches sur la déhiscence des fruits à péricarpe sec (*Annales des Sciences naturelles; Botanique*, 6me série, t. XVIII, p. 5; 1884).

6. Sur la déhiscence des anthères (*Comptes rendus de l'Académie des Sciences*, le 25 août 1884).

7. Sur l'origine des spores et des élatères des Hépatiques (*Comptes rendus de l'Académie des Sciences*, le 25 mai 1885).

8. Sur le sporogone des Hépatiques et le rôle des élatères (*Bulletin de la Société Botanique de France*, t. XXXII, p. 30; 1885.

9. Sur un cas de la chute des feuilles (*Bulletin de la Société Botanique de France*, t. XXXII, p. 55; 1885).

10. Recherches sur la structure et la déhiscence des anthères (*Annales des sciences naturelles*, 7e série, t. I, p. 97; 1885).

11. Sur le développement du sporogone des Hépatiques (*Bulletin de la Société Botanique de France*, t. XXXII, p. 187; 1885).

12. Recherches sur la dissémination des spores des Cryptogames vasculaires (*Annales des Sciences naturelles, Botanique*, 7e série, t. II, p. 5; 1885).

13. Sur la symétrie foliaire chez les *Eucalyptus* et quelques autres plantes (*Bulletin de la Société Botanique de France*, t. XXXII, p. 229; 1885).

14. Recherches sur le développement du sporogone des Hépatiques (*Annales des Sciences naturelles, Botanique*, 7e série, t. II, p. 126; 1885).

15. Sur quelques formes singulières de Cucurbitacées (*Bulletin de la Société Botanique de France*, t. XXXII, p. 383; 1885).

16. Observations anatomiques sur la chute de certaines branches du Peuplier blanc (*Bulletin de la Société Botanique de France*, t. XXXIII, p. 25; 1886).

17. De l'influence des gelées sur les mouvements de la sève (*Bulletin de la Société Botanique de France*, t. XXXIII, p. 208; 1886).

18. Sur les causes anatomiques de l'enroulement des vrilles (*Bulletin de la Société Botanique de France*, t. XXXIII, p. 480; 1886).

19. La Rose de Jéricho (*Journal de Botanique*, t. I, p. 61; 1887).

20. Observations anatomiques sur la structure et le développement du *Melampyrum pratense* (*Bulletin de la Société Botanique de France*, t. XXXIV, p. 154; 1887).

21. Sur le développement des suçoirs du *Thesium humifusum* (*Bulletin de la Société Botanique de France*, t. XXXIV, p. 217; 1887).

22. Recherches sur l'enroulement des vrilles (*Annales des Sciences naturelles, Botanique*, 7e série, t. V, p. 95; 1887).

23. Recherches sur les organes d'absorption des plantes parasites (*Annales des sciences naturelles, Botanique*, 7e série, t. VI, p. 90; 1887).

24. Sur les suçoirs des Rhinanthées et des Santalacées (*Comptes rendus de l'Académie des sciences*, le 28 novembre 1887).

25. Sur les poils radicaux des Rhinanthées (*Bulletin de la Société Botanique de France*, t. XXXV, p. 81 ; 1888).

26. Sur la reviviscence du *Selaginella lepidophylla* (*Bulletin de la Société Botanique de France*, t. XXXV, p. 109 ; 1888).

27. Sur les anthérozoïdes du *Cheilanthes hirta* (*Bulletin de la Société Botanique de France*, t. XXXV, p. 238 ; 1888).

28. Observations sur la tige des Fougères (*Bulletin de la Société Botanique de France*, t. XXXVI, p. 12 ; 1889).

29. Expériences sur l'absorption de l'eau par les graines (*Bulletin de la Société de Biologie*, le 6 avril 1889).

30. Sur l'endoderme de la tige des Selaginelles (*Journal de Botanique*, t. III, p. 207 ; 1889).

31. Sur un cas pathologique présenté par une Légumineuse (*Bulletin de la Société Botanique de France*, t. XXXVI, p. 55 ; 1889).

32. Recherches anatomiques sur la formation de la tige des Fougères (*Annales des Sciences naturelles, Botanique*, 7e série, t. XI, p. 1 ; 1890).

33. Sur le sommeil des feuilles (*Revue générale de Botanique*, t. II, p. 337 ; 1890).

34. Sur les tubercules des Equisétacées (*Revue générale de Botanique*, t. IV, p. 97 ; 1892).

35. Sur une maladie du Platane (*Revue générale de Botanique*, t. IV, p. 473 ; 1892).

36. Sur la germination du Ricin (*Comptes rendus de l'Académie des Sciences*, le 2 octobre 1893).

37. Sur l'anatomie de la tige de la Glycine (*Revue générale de Botanique*, t. V, p. 474 ; 1893).

38. Sur la germination des graines oléagineuses (*Comptes rendus de l'Académie des Sciences*, le 1er octobre 1894).

39. Recherches sur la germination des graines oléagineuses (*Revue générale de Botanique*, t. VII, p. 145 ; 1895).

40. Sur la digestion des albumens gélatineux (*Revue générale de Botanique*, t. VII, p. 401 ; 1895).

41. Sur la germination des amandes (*Revue générale de Botanique*, t. IX, p. 5 ; 1897).

42. Sur les tubercules des Orchidées (*Comptes rendus de l'Académie des Sciences*, le 12 juillet 1897).

43. Sur les réserves oléagineuses de la noix (*Revue générale de Botanique*, t. IX, p. 313 ; 1897).

44. Sur la digestion de l'albumen du Dattier (*Revue générale de Botanique*, t. IX, p. 395 ; 1897).

45. Sur les matières de réserve de la Ficaire (*Comptes rendus de l'Académie des Sciences*, le 21 mars 1898).

46. Recherches sur les réserves hydrocarbonées des bulbes et des tubercules (*Revue générale de Botanique*, t. X, p. 353 ; 1898).

47. Caractères de la vie ralentie des bulbes et des tubercules (*Comptes rendus de l'Académie des Sciences*, le 31 octobre 1898).

48. Sur la dextrine considérée comme matière de réserve (*Comptes rendus de l'Académie des Sciences*, 4 avril 1899).

49. Sur la pollinisation des fleurs cléistogames (*Comptes rendus de l'Académie des Sciences*, le 10 septembre 1900).

50. Recherches sur les fleurs cléistogames (*Revue générale de Botanique*, t. XII, p. 305 ; 1900).

51. Cours de Botanique (en commun avec M. Gaston Bonnier), 1er fascicule de 384 pages ; 1901. Les fascicules suivants composant le premier volume (1,328 pages) ont paru de 1901 à 1905.

52. Sur les variations des réserves hydrocarbonées dans la tige et la racine des plantes ligneuses (*Comptes rendus de l'Académie des Sciences*, le 17 novembre 1902).

53. Sur le tubercule du *Tamus communis* (*Revue générale de Botanique*, t. XIV, p. 145 ; 1902).

54. Le *Phalaris nodosa*, nouvelle Graminée fourragère (*Bulletin de la Société nationale d'Agriculture de France*, 1902).

55. Sur l'influence du sujet sur le greffon (*Comptes rendus de l'Académie des Sciences*, le 9 mai 1903).

56. Sur une conséquence de la fécondation croisée (*Comptes rendus de l'Académie des Sciences*, le 28 décembre 1903).

57. Recherches physiologiques sur les matières de réserve des arbres (*Revue générale de Botanique*, t. XVI, p. 341 ; 1904).

58. Sur les changements de composition du fruit des Cucurbitacées (*Comptes rendus de l'Académie des Sciences*, le 30 janvier 1905).

59. Sur les effets de la décortication annulaire (*Comptes rendus de l'Académie des Sciences*, le 5 juin 1905).

60. Recherches physiologiques sur le fruit des Cucurbitacées (*Revue générale de Botanique*, t. XVII, p. 145; 1905).

61. Sur le développement du Sporogone des Mousses (*Revue générale de Botanique*, t. XVII, p. 193; 1905).

62. Sur les réserves hydrocarbonées des arbres à feuilles persistantes (*Comptes rendus de l'Académie des Sciences*, le 3 juin 1905).

63. Recherches physiologiques sur les matières de réserve des arbres; deuxième mémoire (*Revue générale de Botanique*, t. XVIII, 15 janvier 1906).

Toulouse, Imp. Douladoure-Privat, rue St-Rome, 39. — 4380

www.ingramcontent.com/pod-product-compliance
Ingram Content Group UK Ltd.
Pitfield, Milton Keynes, MK11 3LW, UK
UKHW020410180726
13839UKWH00003B/1286